Inhalt

Hat der Hai die Husterei 8
Witze rund um den Körper

Wo wohnen eigentlich Katzen? 29
Scherzfragen-Salat

Bestellt der Hai Kartoffelbrei 47
Witze rund um Essen und Verdauung

Mit Fischstäbchen und Schuhlöffel 67
Bilderrätsel

Ruft der Hai die Polizei 85
Witze rund um den Umgang miteinander

**Der Hai hat einen gefährlichen Gaul.
Oder ein gefährliches Maul?**
Wortsport 105

Passiert dem Hai 'ne Sauerei
Witze rund um Dummheit,
Chaos, Missgeschicke. 127

Wunderbare Witzeküche
Witzrezepte, die gelingen 147

Reist der Hai nach Uruguay
Witze rund um Fremdes und Unheimliches 161

Hat der Hai die Husterei

Bauer Birnbrot muss ins Krankenhaus. Die Schwester erkundigt sich nach mitgebrachter Wäsche: »Haben Sie Pyjamas?«
»Pyja–was? Nee, ich glaub nicht, der Doktor meint, es wär Blinddarmentzündung.«

Frau Krautwurm fragt ihren Mann, warum er die Medikamente immer eine Stunde früher als vom Arzt verordnet einnimmt. Freudig grinsend antwortet er: »Damit ich die Viren überrasche!«

Der Arzt ermahnt die Ehefrau eines Patienten: »Was Ihr Mann jetzt braucht, ist Ruhe, Ruhe, Ruhe!«
»Genau, das sage ich ihm ja tausendmal am Tag!«

»Ist es für Ihren neuen Angestellten nicht schwierig, dass er schlecht hört?«
»Im Gegenteil! Er sitzt doch an der Beschwerdestelle!«

Ein Junge kommt in die Apotheke:
»Meine Mutter hat die Scheißerei.«
»Aber Junge«, sagt der Apotheker, »da drückt man
sich doch etwas gewählter aus und sagt zum Beispiel:
Sie hat Diarrhö oder den langen Gang.«
»Ja, den hat sie auch schon vollgeschissen!«

Arzt zum Patienten: »Als Erstes muss ich Ihnen sagen, dass
ein Besuch bei mir hundert Euro kostet. Für diesen Preis
dürfen Sie mir genau zwei Fragen stellen.«
»Hundert Euro für zwei Fragen, finden Sie das nicht ein
bisschen teuer, Herr Doktor?«
»Vielleicht«, antwortet der Arzt, »und wie lautet
Ihre zweite Frage?«

Tante zu Tanja: »Wenn du deinen Spinat schön aufisst,
wirst du ein ganz hübsches Mädchen!«
Tanja: »Hast du früher nie Spinat gegessen?«

»Die Schmerzen in Ihrem linken Bein sind altersbedingt«,
erklärt der Arzt dem Patienten.
»Das kann nicht sein, mein rechtes Bein ist genauso alt
und tut nicht weh!«

Ein neugieriger Kunde fragt den Apotheker:
»Wofür sind eigentlich die ganzen unbeschrifteten
Fläschchen da oben?«
»Ach, die geb ich immer, wenn ich
das Rezept nicht lesen kann.«

»Könnte man meinen Mops so operieren, dass er aussieht wie ich?«, fragt Frau Pracht im Hundesalon. Erwidert der Salonbesitzer: »Preiswerter und erfolgreicher wäre es, Sie, gnädige Dame, ließen sich so operieren, dass Sie aussehen wie Ihr Mops.«

»Ich habe mir ein Stinktier gekauft«, sagt Herr Schnuppert.
Herr Nasberger staunt: »Aber wo wollen Sie
das denn halten?«
»Im Schlafzimmer.«
»Aber der Gestank?!«
»Daran wird sich das Tier schon gewöhnen …«

»Diese Hose passt doch wunderbar!« sagt die Verkäuferin.
»Na ja, ich weiß nicht – unter den Armen zwickt sie ein
bisschen …«

Zwei Nachbarinnen unterhalten sich:
»Ich konnte die ganze Nacht vor Zahnschmerzen nicht schlafen.«
»Das kann mir nicht passieren – meine Zähne und ich schlafen getrennt.«

»Ach, Frau Eberlein, wenn Sie mich so anlachen, wünschte ich, Sie würden mich besuchen kommen.«
»Ohhhh, Sie Schmeichler!«
»Na ja, wie man's nimmt – ich bin Zahnarzt.«

»Soll ich den Zahn vor dem Ziehen betäuben?«, fragt der Zahnarzt.
»Kommt gar nicht infrage«, sagt der Patient, »der hat mich so lange gequält, jetzt schonen wir ihn auch nicht!«

Die Mutter streng: »Junge, iss dein Brot auf!«
»Ich mag aber kein Brot!«
»Du musst aber Brot essen, damit du groß und stark wirst.«
»Wozu soll ich denn groß und stark werden?«
»Damit du dir später dein täglich Brot verdienen kannst.«
»Ich mag aber doch kein Brot!«

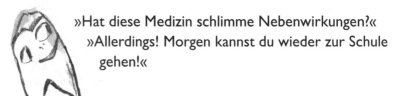

»Hat diese Medizin schlimme Nebenwirkungen?«
»Allerdings! Morgen kannst du wieder zur Schule gehen!«

Sagt der Arzt zu Herrn Siebenwurst:
»Sie sollten mal eine Zeit lang weniger essen. Dann werden wir sehen, ob Ihre Krankheit besser wird.«
»Och, könnte ich nicht doppelt so viel essen, dann werden wir doch auch sehen, ob es schlimmer wird.«

»Ich hab gehört, deine Frau ist gefährlich krank?«
»Nee, nee, gefährlich ist sie nur, wenn sie gesund ist.«

»Ich habe jetzt ein neues Hörgerät«, sagt die Oma stolz zur Enkelin.
»Was hat es denn gekostet?«
»Nein, es rostet überhaupt nicht!«

Zwei Männer kommen ins Gespräch, während sie in einer Kneipe einem Boxkampf zusehen. »Ach, Boxen ist doch ein herrlicher Sport!«, sagt der eine.
»Boxen Sie auch?«, fragt der andere.
»Nein, ich bin Zahnarzt.«

Kommt ein Skelett zum Psychiater: »Herr Doktor, ich habe das Gefühl, ich bin viel zu leicht zu durchschauen …«

»Wie geht es Ihrem kranken Goldfisch?«
»Ach, der ist schon wieder auf den Beinen.«

Frau Zipperlein geht ständig zum Arzt, auch wenn der überhaupt nichts finden kann. Plötzlich kommt sie vier Wochen lang nicht mehr. Als sie wieder sein Sprechzimmer betritt, fragt der Arzt: »Warum waren Sie denn so lange nicht da?«
»Ich konnte nicht«, erklärt die Frau, »ich war krank.«

»Herr Doktor, können Sie mich bitte krankschreiben?«
»Was fehlt Ihnen denn?«
»Eine Woche Urlaub.«

Zwei Wespen treffen sich in einem Freibad: »Interessierst du dich für Kunst?«
»Ja. Warum?«
»Dann fliegen wir mal rüber zu dem Typen da und ich zeige dir ein paar alte Stiche.«

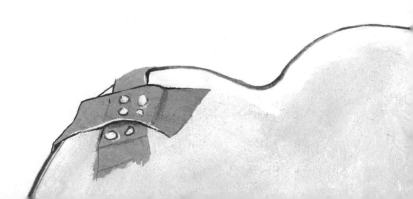

Ein alter Herr, steinreich und schwerhörig, kommt wieder mal spät nach Hause. Sein Diener, der wegen ihm lange aufbleiben musste, murmelt, während er ihm aus dem Mantel hilft: »Na, du tauber alter Sack, wieder rumgehangen, sinnlos Geld verprasst?«
»Nein, Johann, in der Stadt gewesen, Hörgerät gekauft!«

Zwei Ärzte besprechen sich: »Ich bin der Meinung, dass dieser Patient unbedingt operiert werden muss.«
»Warum, was hat er denn?«
»Geld!«

Ein Lehrer geht zum Psychologen. Der will wissen: »Reden Sie im Schlaf?«
»Nein, ich rede nur, wenn andere schlafen.«

Der Arzt nach der Untersuchung: »Es geht Ihnen ja wesentlich besser – Sie waren doch nicht etwa zwischenzeitlich bei einem anderen Arzt?«

»Herr Doktor, ich habe solche Angst – dies ist meine erste Operation!«
»Kann ich Ihnen nachfühlen«, meint der junge Chirurg, »meine auch!«

»Mensch, hast du krumme Beine – da könnte
ja ein ganzes Schwein durchlaufen!«
»Dann versuch's doch!«

»Herr Doktor, mein Hund hat mir alle
Abführtabletten weggefressen! Was soll ich tun?«,
fragt eine aufgeregte Dame am Telefon.
»Na, Gassi gehen, aber schnell!«

Zwei Bäuerinnen unterhalten sich:
»Mein Mann hat mir zum Geburtstag ein Schwein
geschenkt!«
»Das sieht ihm ähnlich!«
»Wieso – hast du's schon gesehen?«

Herr und Frau Hasenrath sehen einen Tierfilm im
Fernsehen. Sie fragt: »Findest du nicht
auch, dass Nagetiere irgendwie ziemlich dumm
und albern aussehen?«
»Ja, mein Mäuschen ...«

Zwei Elefantendamen sehen zu, wie eine
Herde Zebras an ihnen vorbeizieht.
Sagt die eine zur anderen:
»Ja, die Modemacher haben schon recht:
Streifen machen schlank!«

Geht ein Mann in eine Metzgerei und sagt:
»Ich hätte gerne 500 Gramm Leberwurst.
Aber bitte von der groben fetten!«
Darauf der Metzger:
»Tut mir leid, die hat heute Berufsschule!«

Andi schreibt aus dem Ferienlager nach Hause:
»Endlich haben wir jetzt die Erlaubnis bekommen,
die Unterhosen zu wechseln. Tommi wechselt
mit Mark, Mark mit Christian, Christian …«

Als Lieschen vom Einkaufen kommt, fragt die Mutter:
»Weißt du, ob der Metzger Kalbsfüße hatte?«
»Konnte ich nicht sehen, er stand die ganze Zeit
hinter der Theke.«

»Herr Doktor, ich brauche
dringend eine Brille!«
»Das glaube ich Ihnen sofort,
das hier ist nämlich
eine Dönerbude.«

»Mach größere Schritte!«,
sagt die Mutter
zum kleinen Patrick.
»Du hast heute die neuen,
teuren Schuhe an!«

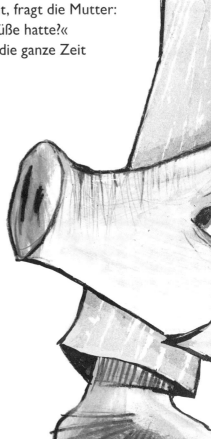

Mama: »Schau her, jetzt hab ich schon wieder ein graues Haar gekriegt. Das kommt nur, weil du immer so frech zu mir bist!«
»Aha«, meint Chiara, »wenn ich mir da Oma und Opa anschaue – wie frech musst du erst gewesen sein?«

Der eilige Reisende erkundigt sich am Bahnhof: »Wo lässt man sich am besten rasieren?«
»Am besten im Gesicht!«, antwortet der Befragte.

Herr Schnittlauch war während der Arbeitszeit beim Friseur. Als er zurückkommt, flüstert ihm sein Schreibtisch-Nachbar zu: »Der Chef hat bemerkt, dass du Haare schneiden warst!«
»Oh!«, flüstert Herr Schnittlauch zurück. »Da wird er mir jetzt wahrscheinlich den Kopf waschen.«

»Kürzlich habe ich Frau Eitelhuber Geld für eine Schönheitsoperation geliehen.«
»Ja, und?«
»Ich würde das Geld gern wiederhaben, aber ich weiß doch gar nicht, wie sie jetzt aussieht.«

Steht eine dicke Königin vorm Spiegel: »Spieglein, Spieglein an der Wand, wer ist die Schönste im ganzen Land?«
Antwortet der Spiegel: »Geh mal zur Seite, ich kann nichts sehen!«

Friseur: »Möchten Sie Ihre Stirnlocke behalten?«
»Ja, auf jeden Fall!«
»Gut« – schnipp – »dann packe ich sie Ihnen ein.«

Zwei Fliegen krabbeln über eine Glatze. Sagt die eine zur anderen: »Ach, wie die Zeit vergeht! Als ich so alt war wie du, gab es hier nur einen kleinen Trampelpfad.«

»Immer wenn ich ein dummes Gesicht sehe,
muss ich laut lachen.«
»Interessant, und wie schaffen Sie es dann,
sich zu rasieren?«

Lennie darf zur Oma in die Ferien fahren. »Hast du auch deine Waschsachen eingepackt?«, erinnert ihn die Mutter.
»Waschsachen? Ich denke, ich fahre in die Ferien!?«

Tim schimpft seinen Zwillingsbruder Julian, der spät und völlig verdreckt vom Spielplatz nach Hause kommt: »Wo warst du so lange Jetzt hat Mama mich zweimal gewaschen!«

»Ich hab ganz zierliche Füße, nur Schuhgröße 36!«
»Aber müffeln tun sie wie mindestens Größe 48.«

»Na, Steffi, ist dein abgebrochener Fingernagel wieder nachgewachsen?«
»Ja, nur der schwarze Rand fehlt noch.«

Im Deutschunterricht: »Was ist das für
eine Zeit, wenn ich sage: ›Ich bin schön‹?
»Vergangenheit, Frau Lehrerin!«

»Findest du nicht auch«, sagt Frau Besenreiter
zu ihrem Mann, »dass mich die Gurkenmaske
viel schöner gemacht hat?«
»Ja«, sagt ihr Mann, »aber warum um Himmels willen
hast du sie dann wieder abgenommen?«

Zwei Tausendfüßler betrachten Werbeplakate
mit hübschen Mädchen drauf.
»Tolle Beine haben die!«, schwärmt der eine.
»Ja, aber so wenig!«

Verabreden sich eine Ameise, ein Grashüpfer und ein Tausendfüßler. Ameise und Grashüpfer sind schon da. Der Tausendfüßler kommt und kommt nicht. Als er endlich hereinspaziert, fragen die beiden anderen, wo er so lange war.
»Draußen steht: Bitte Füße abputzen!«

Ein Tierpfleger beim Affenkäfig ruft: »He, Sie, Opa, nehmen Sie mal schleunigst Ihren Kopf vom Gitter weg. Sie machen den Tieren ja nur unnötig das Herz schwer.«
»Aber warum denn?«
»Na, wenn die Ihren Bart sehen, kriegen sie Heimweh nach dem Urwald!«

Sagt Frau Schlappkohl zu ihrem Mann: »Der Arzt macht sich große Sorgen wegen deines Übergewichts!«
»Ach was, du sagst doch selbst immer: Was gehen uns die Sorgen anderer Leute an?«

»Ich habe Kopfweh.«
»Das ist kein Wunder – Krankheiten greifen immer zuerst den schwächsten Körperteil an.«

Herr Schlappinger geht zur Apotheke und verlangt ein Wurmmittel.
»Für einen Erwachsenen?«, fragt der Apotheker.
»Woher soll ich wissen, wie alt der Wurm ist?«

»Sie haben aber eine schlimme Bronchitis!
Waren Sie beim Arzt?«
»Nein, sie ist von ganz allein gekommen.«

»Dein Husten hört sich heute ja schon viel besser an!«
»Ich hab ja auch die ganze Nacht geübt!«

Sagt eine Spatzenfrau zur Nachbarin:
»Ich lass mich scheiden –
mein Mann hat eine Meise.«

»Herr Doktor, mein Mann spinnt. Er denkt, er sei eine fliegende Untertasse.«
»Oje, da soll er aber mal ganz schnell in meine Sprechstunde kommen!«
»Ja, das finde ich auch, aber haben Sie denn einen Landeplatz?«

Sagt die Dampflok zur Elektrolok:
»Wie hast du es nur geschafft, dir das Rauchen abzugewöhnen?«

Zwei Kühe stehen auf der Weide. Sagt die eine zur anderen: »Was hältst du eigentlich davon, dass die Leute immer noch über den Rinderwahnsinn reden?«
»Was kümmert mich der Rinderwahnsinn?«, sagt die andere. »Ich bin doch ein Hubschrauber.«

»Herr Doktor, alle behandeln mich wie Luft!«
»Der Nächste bitte!«

Zwei außerirdische Roboter sind in einem Spielcasino gelandet. Ein Spielautomat fängt plötzlich an zu klimpern und gibt Dutzende Geldstücke heraus. Da stößt ein Roboter den anderen an und flüstert: »Schau dir den an! Ich würde ja zu Hause bleiben, wenn ich solchen Durchfall hätte!«

»Herr Doktor, ich denke immer, dass ich ein Hund bin!«
»So, dann legen Sie sich mal auf die Couch.«
»Ich darf nicht auf die Couch!«

Stürzt ein Mann aufgeregt zum Psychiater rein:
»Herr Doktor, lauter Ufos, überall Ufos!«,
ruft er und wedelt wie wild mit den Armen.
»Doch nicht alle zu mir rüber!«, wehrt der Doktor ab.

»Herr Doktor, Herr Doktor, meine Frau denkt, sie sei ein Huhn!«
»Das ist ziemlich ernst«, meint der Psychiater.
»Wie lange geht das schon?«
»Drei Jahre.«
»Warum sind Sie nicht früher gekommen?«
»Wir brauchten die Eier.«

Wo wohnen eigentlich Katzen?

Im Flussbett?

Im der Hose?

Im Miezhaus?

Im Lexikon unter Z?

Im Muh-seum?

Was hängt an der Wand,
ist grün und bellt?

Was ist gelb und sitzt auf dem Steg?

Was ist grün, glücklich
und hüpft von Grashalm zu Grashalm?

Was sind Strümpfe mit 18 Löchern?

Was ist schlimmer als eine Giraffe mit Halsweh?

Was speit Feuer und macht: »GLLLL! GLLLL!«?

Was ist die Leibspeise von Seeungeheuern?

Was liegt am Strand und hat einen Sprachfehler?

Was ist grau, fiept leise und wiegt fünf Kilo?

Was ist grün, haarig und fährt immer rauf und runter?

Was fliegt mit einem metallischen Klirren durch die Luft?

Was ist weiß und geht den Berg hinauf?

Was ist weiß und steigt aus der Erde?

Was ist das tägliche Frühstück des Dalai Lama?

Eine Nuschel

Eine Schwalbe
mit Schneeketten

Ein Buddhabrot

Golfsocken

Eine Stachelbeere
im Sessellift

Eine Lawine mit Heimweh

Eine Freuschrecke

Eine Maus,
die dringend Diät
machen sollte

Ein Maulwurf im
Nachthemd

Ein Gespenst, das
sich ins Laken gepieselt hat

Eine Portion
Fish & ships

Ein chinesischer Drache

Ein Dackel im Rucksack des Försters

Ein Tausendfüßler mit
Hühneraugen

Warum gibt es im Wald keine Riesen mehr?

Warum gibt es in schottischen Schlössern Gespenster?

Warum trinken Mäuse keinen Alkohol?

Warum bekommen Skelette keinen Personalausweis?

Warum brechen Horst und Ernst ausgerechnet in die Seifenfabrik ein?

Warum dürfen Pferde nicht Schneider werden?

Weil ihre Eltern Schweine sind.

Weil sie so viele Falten haben.

Weil sie in einer Uhr wohnen.

Weil auf ihrem Passfoto das linke Ohr nicht zu sehen ist.

Weil sie ihre Socken für die Narkose benutzen.

Warum operieren die Ärzte in Ostfriesland barfuß?

Warum sind Akkordeons die ältesten Musikinstrumente?

Warum sind Boxer die vornehmsten Sportler?

Warum bauen die Kuckucks kein Nest?

Warum schämen sich kleine Ferkel?

Warum haben Fische keine Haare?

Weil sie das Futter fressen.

Weil sie Angst vor dem Kater haben.

Weil sie billiger als Alarmanlagen sind.

Weil die Bäume sie unter den Achseln kitzeln.

Weil es ihnen besonders dreckig geht.

Weil sie Handschuhe tragen.

Weil sie nichts gegen ihre Schuppen tun.

Fremdsprachen-Lexikon

Wie heißt der chinesische Postchef?

Wie heißt der chinesische Verkehrsminister?

Wie heißt der schwerste Chinese?

Wie heißt der berühmteste chinesische Kletterer?

Was heißt Polizeihund auf Chinesisch?

Was heißt Ofenbauer auf Chinesisch?

Was heißt Metzger auf Chinesisch?

Was heißt Metzger auf Türkisch?

Was heißt Windel auf Türkisch?

Wie heißt der türkische Chef von McDonalds?

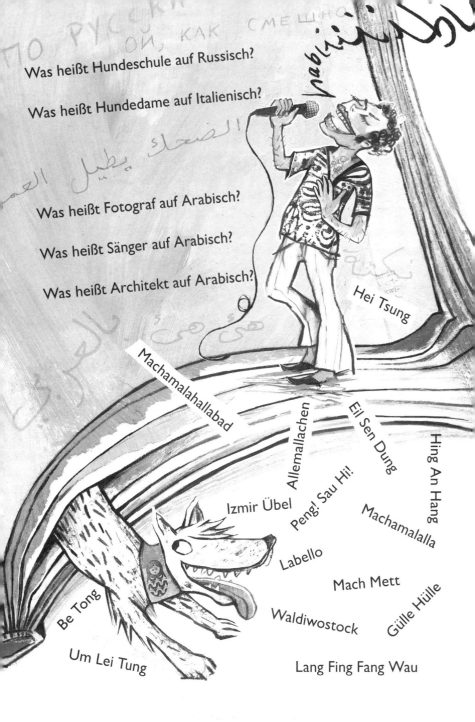

Was ist der Unterschied?

... zwischen Flöhen und Elefanten?

... zwischen Weihnachtsbäumen und Babys?

... zwischen Bankräubern und Profi-Fußballern?

... zwischen Pianisten und Maikäfern?

... zwischen Indischen und Afrikanischen Elefanten?

... zwischen Motorradfahrern bei Regenwetter und Einbrechern?

... zwischen Bäckern und Teppichen?

... zwischen Blitzen und Eseln?

... zwischen Polizisten und 100-Euro-Scheinen?

... zwischen Wasserkochern und Lehrern?

... zwischen Knochen und Schulen?

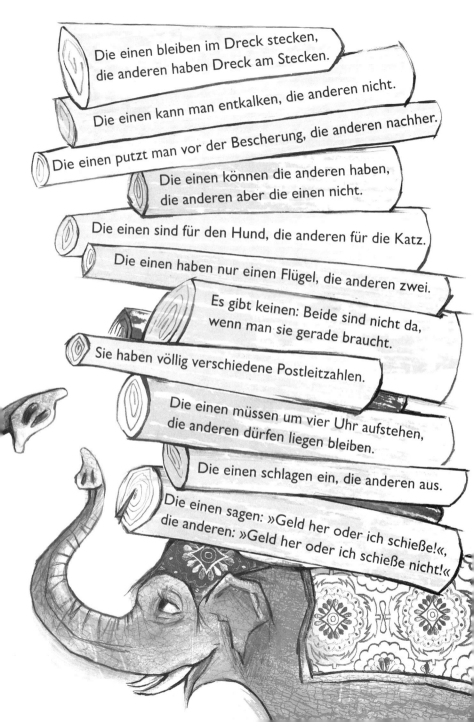

Die einen bleiben im Dreck stecken, die anderen haben Dreck am Stecken.

Die einen kann man entkalken, die anderen nicht.

Die einen putzt man vor der Bescherung, die anderen nachher.

Die einen können die anderen haben, die anderen aber die einen nicht.

Die einen sind für den Hund, die anderen für die Katz.

Die einen haben nur einen Flügel, die anderen zwei.

Es gibt keinen: Beide sind nicht da, wenn man sie gerade braucht.

Sie haben völlig verschiedene Postleitzahlen.

Die einen müssen um vier Uhr aufstehen, die anderen dürfen liegen bleiben.

Die einen schlagen ein, die anderen aus.

Die einen sagen: »Geld her oder ich schieße!«, die anderen: »Geld her oder ich schieße nicht!«

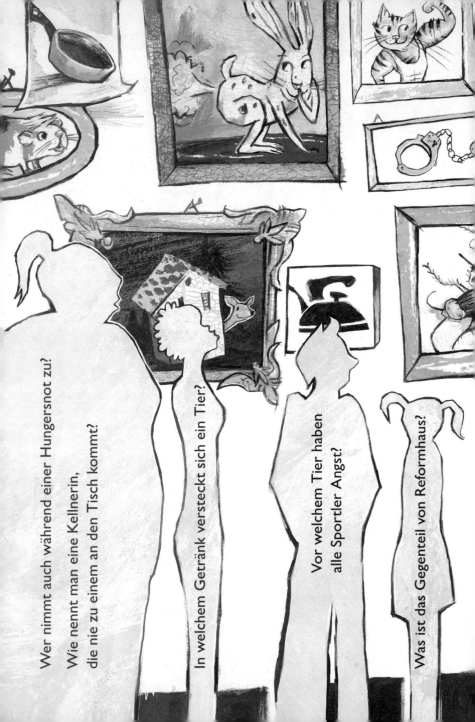

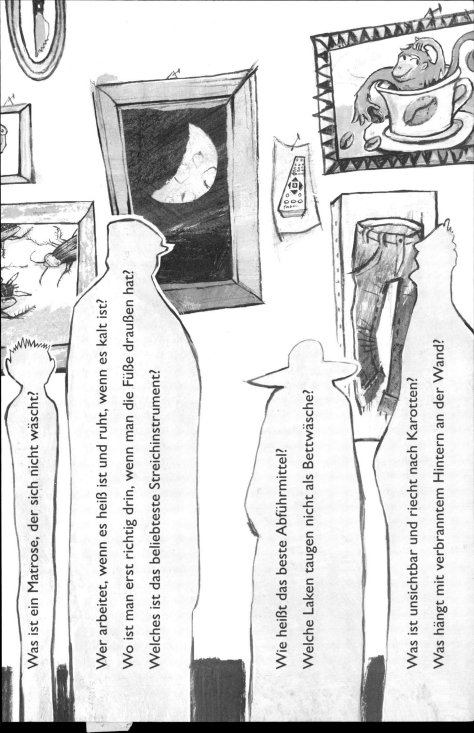

Sie nehmen Scham-Buhhh.
Sie sind begeistert.
Sie laufen einfach immer geradeaus.
Sie füttern Hubschrauber.
Sie essen Suppe mit Stäbchen.
Sie bringen ihre Frau auf die Palme.
Sie erzählen sich Menschengeschichten.

Was machen besonders faule Affen, wenn sie Lust auf Kokosnüsse haben?

Was machen Schotten, wenn sie mit einer Kerze vor dem Spiegel sitzen?

Wie machen Chinesen Diät?

Was machen Ostfriesen auf einem Hochhausdach?

Womit vertreiben sich Gespenster abends am Kamin die Zeit?

Was machen Wolken, wenn sie Juckreiz haben?

Was machen Zirkusleute, wenn das Zelt brennt?

Restaurant – Metzgerei

Zum glücklichen Hai

SUPPEN
- Köstliche Kraftbrühe
- Buchstabensuppe

SNACKS
- Hot Doc
- Schmalzbrot
- Geräuchertes

HAUPTGERICHTE
- Grillfleisch mit Dörrpflaumen
- Eisbein mit Wintergemüse
- Hackbraten surprise
- Rollbraten auf dem Brettchen
- Reisfleisch exotisch
- Jägerschnitzel mit grünem Gemüse

DESSERTS
- Kaiserschmarrn
- Kalter Hund
- Sahneschnittchen

Guten Appetit!

Bestellt der Hai Kartoffelbrei

»Herr Ober, in meiner Tasse ist soeben eine Fliege ertrunken.«
»Ja, glauben Sie denn, wir können an jeder Tasse einen Rettungsring anbringen, mein Herr?«

Während er abräumt, erkundigt sich der Ober: »Na, wie fanden Sie das Schnitzel?«
»Nach langem Suchen unter einem Salatblatt!«

»Herr Ober, in meiner Suppe schwimmt ein Gebiss!«
»Waff if?«

Ein Gast sagt empört zur Bedienung: »He, Frau Kellnerin, Sie hängen gerade Ihre Haare in meine Suppe!«
»Ach, das macht gar nichts, die gehören sowieso schon lange mal wieder gewaschen.«

Für eine Hochzeitsgesellschaft soll ein gebratenes Spanferkel serviert werden. Der Küchenchef weist den neuen Kellner ein: »Vor dem Auftragen stecken Sie eine halbe Zitrone ins Maul und in jedes Ohr einen Zweig Petersilie.«
Der Kellner schaut ihn unglücklich an: »Meinen Sie nicht, dass ich damit ein bisschen albern aussehe?«

»Herr Ober, der Kaffee ist kalt!«
»Gut, dass Sie es sagen, Eiskaffee kostet nämlich zwei Euro mehr.«

»Ihre Portionen werden auch immer kleiner!«
»Optische Täuschung! Wir haben das Lokal vergrößert.«

»Herr Ober, Sie können sich doch meine Wurst nicht unter die Axel klemmen!«
»Ich muss, mein Herr, oder wollen Sie, dass sie mir ein drittes Mal runterfällt?«

»Herr Ober, auf meinem Salat zappelt eine Fliege!«
»Meine Dame, für 4,50 Euro dürfen Sie aber auch kein Ballett erwarten.«

»Herr Ober, die Tasse hat einen Sprung!«
»Da können Sie mal sehen, wie stark unser Kaffee ist!«

»Herr Ober, was sagen Sie zu der Fliege in meiner Suppe?«
»Nichts, sie versteht mich ja doch nicht!«

Auf dem Markt sind zwei Standfrauen in heftigen Streit geraten. Erst fliegen faule Früchte und Eier, dann hebt eine einen Pferdeapfel auf und trifft die andere mitten in den vom Schreien aufgerissenen Mund. Umstehende wollen ihr sofort zur Hilfe eilen, aber sie wehrt ab: »Ger bleibt grin, bich gi Polikei kommt!«

Der Gast beschwert sich: »Dieses Schnitzel schmeckt wie ein alter Hauslatschen.«
Da antwortet die Kellnerin: »Erstaunlich, was Sie schon alles gegessen haben!«

»Herr Ober, dieser Kuchen ist ja furztrocken!«
Darauf der Ober: »Halten Sie sich doch bitte beim Sprechen die Hand vor, damit es nicht so staubt.«

»Herr Ober, in meiner Suppe schwimmt eine Fliege.«
»Nicht so laut, sonst wollen die anderen auch eine haben.«

»Wie war das Schnitzel?«
»Erstklassig! Und das sage ich Ihnen als Profi.«
»Wieso, sind Sie Koch?«
»Nein, Schuhmacher.«

Ein Pferd kommt in die Bar, marschiert die Wand hinauf, geht kopfüber die Decke entlang, die andere Wand hinunter, bestellt einen Kaffee, trinkt und frisst schließlich genüsslich die Tasse auf, nur den Henkel legt es fein säuberlich auf die Untertasse, bezahlt und geht freundlich grüßend hinaus.
Sagt ein Gast entgeistert: »Herr Wirt, verstehen Sie das?«
»Nein!«, sagt der. »Sonst hat es den Henkel immer mitgegessen!«

Ecki und Eddi im Wald: »Guck mal, da ist ein Ameisenhaufen.«
»Cool, aber sag mal, wie kann so ein winziges Tier so einen riesigen Haufen machen?«

»Herr Ober, dieser Salat ist nicht gewaschen worden.«
»Doch, bestimmt! Sehen Sie nicht, wie die Raupen glänzen?«

Das Ehepaar Stutenbrot ist in einem sehr vornehmen Lokal.
Nach dem Essen blättert die Frau noch mal im Restaurant-Führer und wird blass: »Weißt du was, alles, was wir hier gerade gegessen haben, ist vom Pferd, der Schinken, das Schnitzel …!«
»Um Gottes willen!«, ruft Herr Stutenbrot. »Hoffentlich nicht auch das Apfelmus!«

Fleischer Rindfraß macht Wurst. Ein Freund sieht ihm dabei zu und sagt: »Wenn das rauskommt, was da reinkommt, dann kommst du irgendwo rein, wo du nie mehr rauskommst!«

Gehen zwei Regenwürmer spazieren. Als ihnen eine Raupe entgegenkommt, flüstert der eine dem anderen zu: »Igitt, ich kann diese aufgetakelten Tussis mit ihren Pelzmänteln nicht mehr sehen!«

»Herr Ober, in meinem Bier ist eine Fliege!«
»Und deshalb regen Sie sich so auf?«, fragt der Kellner verwundert.
»Was kann so ein kleines Tier schon trinken?!«

Treffen sich zwei Holzwürmer. Sagt der eine ganz stolz: »Mein Sohn arbeitet jetzt in einer Bank.«

Die Mottenmutter zu ihren Kindern:
»Wer keine Wollsocken isst,
bekommt auch nichts vom Pelzmantel!«

Ein Angler serviert seinen Gästen am Abend frischen Fisch:
»Eine Stunde lang habe ich mich abgemüht, bis ich diese
Fische endlich hatte!«
Darauf der Gast: »Das kenn ich – so einen Dosenöffner
hatte ich auch mal!«

Im Antiquitätenladen sind Möbel aus Hongkong
eingetroffen. Da stupst ein Holzwurm den anderen an:
»Super, dann können wir bald mal chinesisch essen gehen!«

He, ihr da! Wenn nicht gleich Ruhe ist, bleibt mein Feinkostladen für heute geschlossen!

»Mami, schau mal, der Mann
am Nebentisch isst die Suppe
mit der Gabel!«
»Sei still, mein Engelchen!«
»Mami, jetzt trinkt er aus
der Blumenvase!«
»Aber Kind, ich habe dir doch gesagt,
du sollst still sein!«
»Mami, Mami, guck mal, jetzt isst er sogar
den Bierdeckel!«
»Ich glaube langsam,
du solltest ihm seine
Brille zurückgeben.«

In einem Restaurant in China fühlt sich ein
Tourist von einem Hund belästigt.
»Hau bloß ab«, sagt er,
»sonst bestell ich dich!«

Sagt der Kaffee zur Sahne:
»Komm endlich rein!«
»Na gut, bevor ich mich schlagen lasse.«

Mutter liest laut aus der Zeitung vor: »Hier steht, dass in der Küche mit Abstand die meisten Unfälle passieren.«
Sohn: »Ja, toll, und wir müssen sie dann immer essen ...«

»Mein Bruder hat vielleicht ein Glück! Der war neulich auf einer Party, da musste jedes Mädchen jedem Jungen zur Begrüßung einen Kuss geben – oder eine Tafel Schokolade. Und stell dir vor: Mein Bruder hat zwölf Tafeln Schokolade mit nach Hause gebracht!«

Frau Gläser möchte eine Geschirrspülmaschine kaufen.
»Hören Sie auf mich und nehmen Sie dieses Produkt«, sagt der Verkäufer. »Über tausend Kunden haben schon gute Erfahrungen damit gemacht.«
Frau Gläser schüttelt den Kopf: »Also, wenn ich es mir recht überlege, möchte ich schon lieber ein neues Gerät.«

»Herr Ober, das Schnitzel ist hart wie ein Blech!«
»Tut mir leid, das kann ich nicht mehr umtauschen. Jetzt, wo Sie es verbogen haben, müssen Sie es auch essen.«

»Herr Ober, sollen wir hier sitzen, bis wir verhungern?«
»Das ist leider nicht möglich, wir schließen um Mitternacht!«

Zwei Freunde öffnen eine Sardinendose. Meint der eine:
»Eigentlich schrecklich, diese Umweltverschmutzung.«
»Ja, schau nur«, sagt der andere, »alles voller Öl und alle Fische tot!«

Ein Adler stürzt vom Himmel und verschlingt eine Feldmaus am Stück. Die krabbelt bis zum Ende durch und fragt: »Wie hoch fliegen wir?«
Der Adler: »Ungefähr tausend Meter.«
»So hoch? – Mach bloß keinen Scheiß …«

Ruft der Kellner in die Küche: »Hey, Koch, da draußen sind welche vom Gesundheitsamt, die wollen wissen, ob wir Ungeziefer haben.«
»Also, auf der Karte steht's nicht, aber ich mach ihnen gerne was von dem Zeug.«

Emil beschwert sich beim Opa: »Iiihhh, das Brot ist ja steinhart!«
»Als ich so alt war wie du, hätte ich mich über dieses Brot gefreut«, schimpft der Opa.
»Klar, damals war es ja auch noch frisch.«

Familie Sauerbrei sitzt sonntags beim Mittagessen. Sagt die Tochter: »He, Alter, wirf mir doch mal die Suppe rüber!«
Der Vater entrüstet sich: »Wie kannst du es wagen, zu diesem Spülwasser auch noch Suppe zu sagen!«

Im Künstleratelier sagt der Besucher: »An diesem Bild kann man sich wirklich nicht sattsehen!«
Der Maler stimmt zu: »Ja, deswegen will ich es ja auch verkaufen.«

Frau Schnückel blättert in einem Versandhauskatalog und fragt ihren Mann: »Findest du eigentlich, dass Querstreifen dick machen?«
»Keine Ahnung, aber wer isst schon Querstreifen?«

Herr Piek-Fein hat sich ein Schnitzel bestellt. Beim Durchsäbeln des zähen Fleisches rutscht ihm das Messer aus und das Schnitzel landet auf dem Boden. Sofort stürzt sich der Hund vom Nebentisch drauf.
»Mein Schnitzel!«, ruft Herr Piek-Fein entsetzt.
»Keine Sorge«, ruft der Kellner, »der Hund kommt nicht dran, ich hab schon meinen Fuß drauf.«

Zwei Mädchen kommen sehr spät von der Party nach Hause. Sagt die eine: »Wenn ich jetzt nach Hause komme, kocht meine Mutter vor Wut!«
»Du hast's gut!«, seufzt die andere. »Ich bekomme um diese Uhrzeit nichts Warmes mehr zu essen.«

Nach dem Besuch im Restaurant sagt sie zu ihm: »Ein erbärmlicher Fraß war das heute.«
»Ja«, bestätigt er, »da hätten wir genauso gut zu Hause essen können.«

»Betet ihr eigentlich vor dem Essen?«
»Nein, meine Mama kocht ganz gut!«

Ein älteres Ehepaar bestellt in einem Restaurant nur eine Seniorenportion mit zwei Tellern. Der Ober sieht erstaunt, dass die Frau gleich anfängt zu essen, während der Mann ihr nur zusieht. »Stimmt etwas nicht?«, fragt er gereizt, weil er sich über den Geiz der beiden ärgert.
»Doch, doch«, erwidert der Mann freundlich, »meine Frau hat nur gerade unsere Zähne.«

Ein Ehepaar sitzt im Hotel beim Frühstück. »Igitt, dieser Kaffee schmeckt nach Spülwasser!«, sagt sie.
»Du mit deinem schlechten Geschmackssinn hast doch keine Ahnung! Das ist Tee!«
Da kommt der Kellner am Tisch vorbei und fragt: »Soll ich bei Ihnen noch etwas Kakao nachschenken?«

»Papi, gibst du mir Geld? Ich will beim Obsthändler ein paar Orangen kaufen.«
»Ach was, streck ihm die Zunge raus, dann wirft er dir die Dinger hinterher!«

»Wir legen hier auf zwei Dinge großen Wert«, sagt der Direktor zum neuen Schüler. »Das eine ist Sauberkeit. Hast du dir auch schön die Schuhe auf der Fußmatte abgetreten?«
»Natürlich!«
»Und das zweite ist Ehrlichkeit – vor der Tür liegt gar keine Fußmatte!«

»Warum lässt du immer die Tür offen, wenn du auf die Toilette gehst?«
»Damit mir niemand durchs Schlüsselloch gucken kann.«

Treffen sich zwei Unterhosen. Sagt die eine zur anderen: »Warst du im Urlaub?«
»Nein, wieso denn?«
»Weil du so braun bist.«

»Habt ihr schon wieder ins Nest gemacht«, hält die Taubenmutter ihren Sprösslingen eine gehörige Standpauke. »Wann lernt ihr endlich, rüber ans Denkmal zu gehen?!«

Die gute Nachricht macht im Goldfischglas die Runde: »Freut euch, Freunde, heute kriegen wir wieder Auslauf in der Badewanne. Bowle ist angesagt!«

Ein Mann sitzt beim Klärwerk am Kloakebecken und stochert mit einem Stock darin herum. »Was machen Sie denn da?«, fragt ein Passant.
»Meine Jacke ist da reingefallen«, erklärt der Mann.
Der andere entsetzt: »Die wollen Sie doch wohl nicht mehr anziehen?«
»Nein«, antwortet der Mann, »aber in der Tasche ist mein Pausenbrot!«

Eine Dame sitzt im Café. Die Bedienung bringt ihr die bestellte Tasse Kaffee. »Sieht nach Regen aus«, sagt sie.
»Stimmt«, sagt die Dame. »Aber wenn man genauer hinschaut, merkt man doch, dass es Kaffee ist.«

»Himmelherrgott Sackerment!«, flucht ein Holzhacker, nachdem ihm ein schwerer Ast auf den Fuß geknallt ist. »Aber mein Sohn«, mahnt ihn der Pfarrer, der zufällig vorbeikommt. »Anstatt den lieben Gott zu lästern, könntest du nicht wie alle anständigen Leute einfach ›Scheiße!‹ sagen?«

Im Bus sagt eine Dame ärgerlich zu Bea: »Nimm deinen Hund hier weg, ich spüre schon einen Floh an meiner Wade heraufkrabbeln!«
    Meint Bea: »Waldi, komm schnell weg da, die Dame hat Flöhe.«

Zwei Haie unterhalten sich im Hallenbad: »Der Bademeister behauptet, dass wir mit den Badegästen nicht auskämen.«
»Wieso? Wir haben doch schon lange kein zusätzliches Futter mehr gebraucht!«

Treffen sich zwei Haie: »Und wie geht's dir?«
»Es geht, man beißt sich so durch.«

Der Briefträger beklagt sich, dass ihn der Hund des Apothekers gebissen hat. »Haben Sie eine Salbe drauf getan?«, erkundigt sich der Apotheker voll Mitgefühl. »Nein, aber es hat ihm anscheinend auch so geschmeckt.«

Treffen sich zwei Bazillen im Körper: »Komm, wir gehen heut in die Leber, noch einen trinken!«
Sagt die andere: »Nein, ich warte gerade auf einen Furz – ich möchte noch ausgehen!«

»Merkt euch«, sagt die Religionslehrerin, »Eigenlob stinkt.«
Nach einer Weile meldet sich Hannes: »Frau Lehrerin, neben mir hat sich gerade einer gelobt.«

Moritz steht lachend vor dem Klassenzimmer. Da kommt der Direktor vorbei und fragt streng: »Warum bist du nicht im Unterricht?«
»Ich habe einen Furz gelassen und da hat mich der Lehrer rausgeschickt.«
»Und was gibt es da zu lachen?«
»Das ist doch wohl zum Lachen – mich schickt er an die frische Luft und er bleibt im Mief sitzen!«

Zwei Kollegen unter sich: »Sagen Sie, leiden Sie auch so stark unter Blähungen?«
»Nur unter Ihren!«

Auf Tante Wilmas Sofa entwischt Fritzchen ein Pups. Die Tante hebt den Zeigefinger: »Dass mir das nicht noch mal passiert!«
»Ach, dir ist das passiert? Ich dachte schon, ich war das.«

Ein rüstiger Rentner gibt einem jüngeren Mann einen Tipp: »Kennen Sie das Geheimnis des langen Lebens? Man sollte jeden Tag ein paar rohe Zwiebeln essen!«
»Ich frage mich nur«, meint der andere, »wie das ein Geheimnis bleiben kann.«

Die Mutter ruft nach oben: »Tina, komm endlich zum Ende mit dem Füßewaschen, die Oma braucht die Schüssel für den Kartoffelsalat!«

Eine alte Dame kommt zum Arzt: »Herr Doktor, ich habe leise und geruchlose Blähungen! Sie können es gar nicht merken, aber es belastet mich sehr.«
»Nehmen Sie diese Tabletten und kommen Sie in einer Woche wieder.«
Nach einer Woche kommt die Frau empört: »Herr Doktor, was haben Sie mir da gegeben? Meine Blähungen sind ganz und gar nicht fort, sie sind zwar noch leise, aber jetzt stinken sie ganz fürchterlich!«
»Ausgezeichnet«, sagt der Arzt, »jetzt, wo Ihre Nase wieder funktioniert, werden wir uns um Ihr Gehör kümmern.«

Mit Fischstäbchen und Schuhlöffel

Siehst du den Tintenfisch?
Und welche Begriffe verstecken
sich noch auf den nächsten
Seiten?
Insgesamt sind
23 Begriffe zu finden.

Man muss sich seine Vögel eben nur gut dressieren!

»Na, Mäxchen, hast du denn heute schon eine gute Tat vollbracht?«
»Aber klar, Tante, ich habe meinen Hund auf zwei alte Damen gehetzt, sodass sie ihren Bus noch erwischt haben.«

Ein Rentner im Bus schimpft: »Die Jugend von heute hat doch wirklich keine Manieren mehr!«
»Worüber regen Sie sich denn auf? Der junge Mann hat Ihnen doch seinen Platz überlassen.«
»Ja, schon, aber meine Frau muss immer noch stehen!«

Es ist kurz vor Weihnachten. Der kleine Franz steht in der Kirche vor der Krippe. Als er unbeobachtet ist, greift er blitzschnell zu, schnappt sich Josef und Maria, stopft sie unter seine Jacke und macht sich unauffällig aus dem Staub. Zu Hause setzt er sich an den Tisch und schreibt einen Zettel: »Liebes Christkind, entweder ich bekomme einen Hund oder du siehst deine Eltern nie wieder!«

Der kleine Matteo fährt abends noch mit dem Dreirad in seinem Zimmer herum. Die Mutter schimpft: »Mensch, du solltest doch schon längst ins Bett gehen!«
»Ich würde ja ins Bett gehen, aber ich finde einfach keinen Parkplatz!«

»Früher sind mir die Frauen massenhaft nachgelaufen«, prahlt Herr Schlitzbart.
»Und warum jetzt nicht mehr?«
»Ich habe aufgehört, Handtaschen zu klauen.«

Richter: »Ich verurteile Sie wegen Beamtenbeleidigung zu einer Geldstrafe von 500 Euro. Möchten Sie noch etwas dazu sagen?«
»Eigentlich schon, aber bei diesen Preisen lieber nicht …«

»Können Sie Judo?«
»Nein.«
»Boxen?«
»Nein.«
»Karate?«
»Nein.«
»Kung Fu?«
»Tut mir leid, auch nicht.«
»Gut, dann ist das ein Überfall!«

Zwei Kollegen spielen Golf. Flüstert der eine beim Ausholen: »Der nächste Schlag muss besonders gut werden – da hinten beim Klubhaus steht der Chef und schaut zu.«
Darauf der andere: »Also jetzt übertreib mal nicht, von hier aus triffst du den doch nie!«

Der Opa sagt zum kleinen Lars: »Weil du so lieb warst, bekommst du dieses neue, blanke Zwei-Euro-Stück von mir.«
»Das wäre aber nicht nötig gewesen, ich hätte auch einen alten zerknitterten Zehn-Euro-Schein genommen.«

Schimpft der Vater seinen Jungen: »Ich habe gehört, dass du schon wieder ein anderes Kind grün und blau geschlagen hast – stimmt das?«
»Das kann ich nicht beurteilen, Papa. Ich bin doch farbenblind!«

Oskar will seinen Freund im Krankenhaus besuchen, findet aber den Weg nicht. Da fragt er einen älteren Herrn: »He, Opa, wie komme ich am schnellsten ins Krankenhaus?«
Da antwortet der Herr: »Indem du noch mal Opa zu mir sagst!«

»Nimm deine Hände aus den Taschen, wenn du mich grüßt!«, sagt die Lehrerin.
»Ich habe Sie ja gar nicht gegrüßt«, antwortet Nick.

»Warum spielst du denn ausgerechnet mit den unartigsten Kindern der ganzen Siedlung?«
»Weil die anderen nicht mit mir spielen dürfen.«

Die Familie sitzt beim Abendessen:
»Wie war´s in der Schule?«, fragt der Papi.
»Suchst du schon wieder Streit?«, keift Meike.

»Mein Sohn ist erst sieben Monate und sitzt schon!«, sagt der eine Gauner zum anderen.
»Oje, was hat er denn angestellt?«

Haben Sie vielleicht zwei entzückende kleine Jungs gesehen, die Indianer spielen?

Stolz sitzt der frisch ernannte Abteilungsleiter in seinem neu eingerichteten Büro. Als ein junger Mann das Zimmer betritt, greift er zum Telefon: »Aber ja, Herr Bundespräsident, wirklich ein reizender Abend gestern bei Ihnen! Bis später, Herr Bundespräsident!« – Er legt wieder auf und wendet sich an den Besucher: »Was kann ich für Sie tun?«
»Nichts«, antwortet der, »ich wollte nur das Telefon anschließen.«

Ein Sportwagen mit offenen Fenstern und dröhnend lauter Musik hält an der Ampel. Auf dem Beifahrersitz sitzt ein Papagei. Begeistert kurbelt der Mann im Auto nebenan das Fenster runter und ruft rüber: »Hey, cool, kann das komische Vieh auch sprechen?«
»Woher soll ich das wissen?«, antwortet der Papagei.

Ein Bär schlendert durch den Wildpark. Da fährt ein voll besetzter Kleinbus an ihm vorbei. »Das ist ja unmöglich«, brummt der Bär, »so viele Menschen in einem so kleinen Käfig!«

Der Spaziergänger zum Angler: »Beißen sie?«
»Nur wenn ich provoziert werde.«

Maus und Elefant kommen an eine gefährlich wacklige und morsche Hängebrücke und bleiben zögernd stehen. Da sagt die Maus: »Weißt du was? Ich geh mal vor, und wenn sie hält, kannst du nachkommen!«

»Hier ist Angeln verboten! Das kostet 20 Euro Strafe.«
»Ich angle doch gar nicht, ich bade nur meinen Wurm.«
»Das kostet 100 Euro wegen Nacktbadens. Oder hat der Wurm eine Badehose an?«

Der Physiklehrer fragt: »Was versteht man unter Ausnutzung der Wasserkraft?«
Meldet sich Phillip: »Wenn meine Schwester so lange weint, bis wir von Papa ein Eis bekommen.«

Carl rettet seinen Lehrer vor dem Ertrinken im Weiher.
Sagt der Lehrer: »Danke! Dafür hast du einen Wunsch frei, mein Junge! Was wünschst du dir denn?«
Carl überlegt eine Weile und sagt dann: »Erzählen Sie in der Schule bitte niemandem, dass ich Sie gerettet habe!«

Der Direktor eines kleinen Wanderzirkus streckt die Hand aus dem Zelt und brüllt: »Schnell, Leute, holt das Zebra rein, es regnet!«

Übel gelaunt kommt der Ehemann nach Hause, wirft seine Tasche in die Ecke und schaltet die Glotze ein.
»Du solltest dir mal ein Beispiel an unserem Nachbarn nehmen! Wenn der nach Hause kommt, gibt er als Erstes seiner Frau einen Kuss! Warum machst du das nicht auch?«
»Du bist gut«, sagt der Ehemann. »Ich kenne diese Frau doch kaum!«

Ein Mann sitzt im eigentlich ausverkauften Stadion des WM-Finales und hat neben sich einen leeren Platz. Verwundert fragt ein Sitznachbar, ob er wisse, wem der Platz gehöre.
»Ja, das wäre eigentlich der Platz meiner Frau, aber die ist kürzlich verstorben. Es ist das erste WM-Finale seit 40 Jahren, das wir nicht zusammen sehen.«
»Das tut mir leid«, sagt der Sitznachbar, »aber wollte denn niemand von Ihren Freunden oder Verwandten die Karte nehmen?«
»Nein, die sind alle auf der Beerdigung!«

Ein junges Pärchen möchte eine Wohnung mieten. Bei der Besichtigung fragen sie den Vermieter: »Sind die Räume eigentlich hellhörig?«
»Na ja, es geht so«, meldet sich eine Stimme aus der Nachbarwohnung.

»Hoffentlich sind wir nicht zu lange geblieben!«, verabschiedet sich der Besuch.
»Aber nein!«, wehrt der Gastgeber ab. »Um diese Zeit stehen meine Frau und ich sowieso immer auf.«

»Opa, möchtest du unseren Gästen nicht noch was vorsingen?«
»Das lohnt sich doch nicht mehr, die Leute gehen ja schon.«
»Aber nicht schnell genug!«

Der Vater liest aus dem großen Gutenachtgeschichten-Buch vor, damit der Sohn einschläft. Die Mutter öffnet leise die Tür und fragt: »Ist er endlich eingeschlafen?«
Antwortet der Sohn: »Ja, endlich!«

»Führt dein Bruder eigentlich auch Selbstgespräche, wenn er allein ist?«
»Weiß ich doch nicht – ich war noch nie dabei, wenn er allein ist!«

Tante Jette ist schon seit
zwei Wochen zu Besuch.
»Bald macht Papa
sein Kunststück« freut
sich der kleine Paul.
»Welches Kunststück
denn?«, will die Tante
wissen.
»Na, er hat gesagt, wenn du
wieder länger als zwei Wochen
bleibst, geht er die Wände hoch.«

In einem kleinen Landgasthof beschwert sich der Gast:
»Herr Wirt, bitte überzeugen Sie sich selbst: In meinem
Zimmer läuft eine Wanze an der Wand entlang!«
»Das ist ganz und gar ausgeschlossen, mein Herr«,
antwortet der Wirt, »um diese Zeit sind unsere
Wanzen längst im Bett.«

»Chef, ich glaube, Sie werden am Telefon verlangt.«
»Was heißt da, ›Ich glaube‹?«
»Ja, da ist einer dran, der hat gesagt:
›Bist du´s, alter Idiot?‹«

Nach einem bösen Streit schmollen die
Geschwister abends im Bett. Plötzlich
doch eine Kontaktaufnahme:
»Michi, bist du noch wach?«
»Sag ich dir nicht!«

Fragt die Tante: »Hilfst du auch immer schön deiner Mutter?«
Sagt die Kleine: »Klar, ich muss immer die Silberlöffel zählen, wenn du gegangen bist ...«

Die Familie hat vergessen, Tante Wilma zum Gartenfest einzuladen. Zwei Tage vorher fällt es ihnen ein: »Bitte, bitte, Wilma, komm doch!«
»Nein, ich komme nicht. Es ist zu spät! Ich habe schon um Regen gebetet!«

»Wahnsinn!«, sagt der Vater zu seiner 16-jährigen Tochter. »Hast du eben ein Telefonat schon nach einer halben Stunde beendet? Unglaublich – wer war denn das?«
Darauf die Tochter: »Ach, nur falsch verbunden.«

Auf einer Abendveranstaltung: »Finden Sie nicht auch, dass meine Frau sehr schön singt?«
»Wie bitte?«
»Ich sagte: ›Finden Sie nicht auch, dass ...‹«
»Tut mir leid, aber ich verstehe kein Wort, weil die Frau da vorne so entsetzlich grölt!«

Unterhalten sich zwei Nachbarinnen: »Heute habe ich im Tierheim für meinen Mann einen netten kleinen Hund bekommen!«
»Oh ja, das war ein guter Tausch!«

Angie und Axel sitzen auf einer Parkbank. Fragt Axel: »Was müsste ich dir geben, damit ich dich küssen darf?«
Angie: »Eine Vollnarkose!«

Der kleine Felix quengelt schon eine Stunde lang immer wieder: »Ich will auf einem Esel reiten, ich will auf einem Esel reiten!«
Schließlich sagt die Mutter völlig entnervt zum Vater: »Nun nimm den Kleinen doch endlich auf die Schultern!«

Verkehrskontrolle. »Na, was haben wir denn da!«, ruft der Polizist erstaunt, als er sieht, dass ein Hund am Steuer sitzt und ein Mann auf dem Beifahrersitz. »Sind Sie verrückt geworden, Ihren Hund Auto fahren zu lassen?«
Daraufhin der Mann ganz cool: »Das ist nicht mein Hund, er hat mich nur als Anhalter mitgenommen.«

Lilly, die Gangsterbraut, ist eifersüchtig. Sie fragt ihren Freund Harry: »Wo hast du dich gestern Nacht rumgetrieben? In der Zeitung steht heute gar nichts von einem Einbruch!«

Ein Mann folgt im Zoo einer jungen Frau von Gehege zu Gehege. Schließlich nimmt er allen Mut zusammen und sagt zu ihr: »Entschuldigen Sie, dass ich Sie anspreche, Sie haben mich bestimmt schon beim Affenkäfig bemerkt.«
»Ja, natürlich, aber wie sind Sie da rausgekommen?«

"Hallooo, schöne Dame! Komm, spring doch runter zu mir!"

"...damit ich auf die Schnauze falle und so aussehe wie du?"

Ein Mann erzählt bei der Partnervermittlung von seinen Vorstellungen: »Reich braucht sie nicht zu sein, das bin ich selber. Tüchtig braucht sie nicht zu sein, das bin ich selber. Gescheit braucht sie nicht zu sein, das bin ich selber. Aber anständig muss sie sein!«

Eine Schildkröte wird von zwei Schnecken überfallen. Später fragt der Polizist: »Können Sie mir den Überfall bitte genauer schildern?«
Da seufzt die Schildkröte: »Ach, wissen Sie, es ging alles so furchtbar schnell …«

Zum fünfzigjährigen Jubiläum will der Gefängnisdirektor ein Fest veranstalten. Als er die Häftlinge nach ihren Ideen fragt, meint einer: »Tag der offenen Tür.«

Der Scheidungsrichter fragt den Sohn: »Willst du bei deiner Mutter oder deinem Vater leben?«
»Weiß nicht – wer bekommt denn den DVD-Player?«

Kommt ein Mann in ein Zoogeschäft und sagt: »Ich brauche zehn Ratten!«
Fragt der Verkäufer: »Warum denn so viele?«
Antwortet der Mann: »Ich ziehe um und muss meine alte Wohnung so hinterlassen, wie ich sie übernommen habe.«

Eine Frau kommt in die Gärtnerei: »Haben Sie ein Mittel, das das Unkraut so richtig leiden lässt, bevor es stirbt?«

Zwei Diebe werden aus dem Gefängnis entlassen. Fragt der eine: »Nehmen wir den Bus?«
Darauf der andere: »Quatsch, wer soll uns den denn abkaufen?«

»Toll, dass du noch eine Eintrittskarte für das Konzert von den Dreckigen Hosen gekriegt hast!«
»Die hab ich von meiner Schwester.«
»Und wo ist deine Schwester?«
»Die ist zu Hause und sucht die Eintrittskarte …«

Brummt der Arzt vorwurfsvoll: »Konnten Sie nicht früher kommen, meine Sprechstunde ist schon zu Ende!«
Darauf der Patient: »Tut mir leid, aber der Scheißköter hat mich nicht früher gebissen!«

»Lena«, mahnt die Großmutter, »du weißt doch, dass Rotkäppchen vom Wolf gefressen wurde,
als sie nicht folgsam war!«
»Ja«, nickt Lena,
»die Großmutter aber auch.«

Unterhalten sich zwei Tankzapfsäulen.
»Na, wie geht's?«
»Normal. Und dir?«
»Super!«

»Sagen Sie, sind Sie der Mann, der meinen kleinen Jungen aus dem Teich gezogen und vor dem Ertrinken gerettet hat?«
»Ja, der bin ich.«
»Und wo ist seine Mütze?«

Zwei Reisende sitzen sich im Zugabteil gegenüber: »Ach, entschuldigen Sie«, sagt der eine, »wären Sie bitte so lieb, mein linkes Bein auf den Sitz zu tun?« Der andere nickt mitleidig und erfüllt ihm den Wunsch.
Nach einer Weile fragt der Erste: »Könnten Sie bitte das Kissen aus dem Gepäcknetz holen und mir in den Rücken legen?« Auch dieser Wunsch wird erfüllt.
Etwas später: »Würden Sie mir bitte das Buch aus dem Handgepäck holen? Und wären Sie vielleicht so freundlich, mir daraus vorzulesen? Das Lesezeichen steckt auf Seite 102, glaub ich.«
»Sagen Sie, welches Leiden haben Sie eigentlich?«, fragt der Mitreisende neugierig.
»Leiden? Keines. Ich habe Urlaub!«

»Wie konntest du mich nur auf der Party vor allen Leuten als Blödmann bezeichnen?«
»Ach, tut mir leid, ich hatte ja keine Ahnung, dass du das geheim halten wolltest!«

Zwei Männer sitzen im Wartezimmer der Entbindungsstation. Endlich kommt eine Schwester und sagt zum einen: »Glückwunsch, Sie haben einen Sohn!«
  Da empört sich der andere: »Entschuldigung, aber ich war zuerst da!«

Passiert dem Hai 'ne Sauerei

Mitten im Konzert stößt die Frau ihren Mann an: »Du, der Typ neben mir ist gerade eingeschlafen.«
»Na und – noch lange kein Grund, mich aufzuwecken!«

Die Mutter legt Miriams neues Schwesterchen auf die Waage. »Mami, warum tust du das? Willst du sie schon wieder verkaufen?«

Das Auto eines Fahranfängers ist an der Ampel abgesoffen. Die Ampel zeigt Grün, Gelb, dann Rot, schließlich wieder Grün. Da der Wagen den Verkehr aufhält, tritt ein Polizist heran und fragt: »Haben wir denn keine Farbe, die Ihren Geschmack trifft?«

Herr Heck bringt sein Auto in die Werkstatt. Fragt der Meister: »Na, sagen Sie mal, wo sind denn Ihre Scheibenwischer?«
»Die hab ich abmontiert«, sagt Herr Heck. »Die Politessen haben immer so doofe Strafzettel druntergeklemmt.«

Peterle war zum ersten Mal im Zoo. »Wie war es?«, will die Mutter wissen, als er nach Hause kommt. »Super!«, meint Peterle begeistert. »Da rennen alle Schimpfwörter lebendig herum.«

Langfinger Otto steht mal wieder vor Gericht und beteuert: »Mit diesem Einbruch habe ich nichts zu tun, absolut nichts.«
»Reden Sie nicht«, sagt der Richter. »Am Tatort hat man Ihre Fingerabdrücke gefunden.«
»Haha, das ist absolut unmöglich«, sagt Otto, »wo ich doch Handschuhe anhatte!«

Zwei Häschen tuscheln miteinander über ein drittes: »Du, ich glaube, sie ist immer noch nicht aufgeklärt – sie glaubt noch an den Zylinder!«

Elisa fragt ihre Tante: »Wieso hast du kein Kind?«
»Der Storch hat mir noch keines gebracht.«
»Ach so, wenn du noch immer an die Geschichte mit dem Storch glaubst, ist mir alles klar.«

Die Familie fährt mit dem Zug in die Ferien. Plötzlich wird Mama blass: »Um Himmels willen! Ich habe vergessen, den Herd auszumachen! Da kann das ganze Haus abbrennen!«
»Kann es nicht!«, beruhigt Papa. »Ich habe nämlich vergessen, den Wasserhahn zuzudrehen.«

Klaus fragt den Bauern: »Wie alt ist denn diese Kuh?«
Darauf der Bauer: »Zwei Jahre. Das sieht man an den Hörnern!«
»Ach ja, natürlich, die hat ja auch erst zwei.«

Lehrer: »Was versteht man unter Überseehandel?«
Schüler: »Na, wenn einer mit dem handelt, was andere übersehen haben!«

Im Sachkundeunterricht fragt die Lehrerin: »Was passiert, wenn ein Mensch in eine mit Wasser gefüllte Wanne steigt?«
Meldet sich Angelika: »Normalerweise bimmelt dann das Telefon.«

Schuberts machen eine Seereise. Eines Morgens weckt Frau Schubert ihren Mann ganz aufgeregt: »Heinz, Heinz, wach auf, das Schiff sinkt!«
»Na und«, knurrt der verschlafen, »ist doch nicht unser Schiff.«

Ein Polizist hält ein Auto an und sagt freundlich zum Fahrer: »Herzlichen Glückwunsch! Sie sind der 10000. Autofahrer, der über diese Brücke fährt. Sie bekommen 10000 Euro! Was werden Sie mit dem Geld tun?«
»Ich glaube, ich mache zuerst einmal den Führerschein.«
Darauf ruft seine Frau ganz entsetzt vom Beifahrersitz: »Hören Sie nicht auf ihn, er ist ja sturzbetrunken.«
Vom Rücksitz meldet sich der schwerhörige Opa: »Ich wusste ja, dass wir mit dem gestohlenen Auto nicht weit kommen!«
Und aus dem Kofferraum tönt es:
»Sind wir schon über die Grenze?«

Zwei Nachbarinnen unterhalten sich: »Und, was haben Sie am Sonntag gemacht?«
»Ich war mit meinem Mann auf dem Flohmarkt.«
»Und, sind Sie ihn losgeworden?«

Kommt ein Mann mit einem total verbeulten Auto an die Tankstelle.
Fragt der Tankwart:
»Nur waschen oder auch bügeln?«

Komm, geh'n wir lieber, ich glaub, da unten wohnt einer!

Im Zirkus tanzt eine singende Katze auf den Vorderbeinen.
Ein Hund begleitet sie auf dem Klavier. Das Publikum
ist begeistert. Nur Julius traut der Sache nicht: »Katzen
können doch gar nicht singen.«
»Wieso, woher soll dann die Stimme kommen?«
»Das ist doch ein fauler Trick«, meint Kaspar.
»Wahrscheinlich ist der Hund Bauchredner.«

Ein Straßenmusiker spielt ohne Erlaubnis. Ein Polizist packt
ihn am Arm und fordert ihn auf: »Sie begleiten mich jetzt!«
»Aber gern, was möchten Sie denn singen?«

»Papa, was ist ein Stieglitz?«
»Ach, irgend so ein komischer Fisch.«
»Hier steht aber: Der Stieglitz hüpft von Ast zu Ast!«
»Da siehst du mal, wie komisch der ist!«

»Papa. Was ist eigentlich ein Vakuum?«
»Ich hab´s im Kopf, aber ich komme nicht drauf.«

Gerd und Bert stehen vor dem Tigerkäfig im Zoo. Dort
hängt ein Schild: »Vorsicht – frisch gestrichen«.
Meint Gerd zu Bert: »Schade, ich dachte immer, die
Streifen wären echt.«

Herr Käsbohrer macht einen Kletterkurs. Der Bergführer will ihn ans Seil binden. »Nicht nötig!«, meint Herr Käsbohrer. »Ich bezahle im Voraus.«

Richter: »Angeklagter, Sie haben also zwei Schweine gestohlen! Hat die Stalltür offen gestanden oder war sie verschlossen?«
Angeklagter: »Also, offen gestanden, sie war geschlossen.«

Ein Mann findet auf dem Sperrmüll einen Spiegel und murmelt: »Dieses dämliche Bild hätte ich auch weggeworfen.«

»Ich hätte gerne einen Goldfisch«, sagt Frau Sparschuh im Zoogeschäft.
»Gern«, sagt der Verkäufer, »der kostet neun Euro.«
»Waaas, so viel? Dann packen Sie mir lieber einen Silberfisch ein.«

Herr und Frau Schmittchen haben ein russisches Baby adoptiert. »Jetzt müssen wir aber schleunigst mal anfangen, Russisch zu lernen, damit wir das Kind auch verstehen, wenn es zu sprechen anfängt.«

»Stell dir vor, unser Nachbar hat einen Stein durch unser Fenster geworfen, weil meine Schwester Flöte geübt hat!«
»Schön blöd – dann hört er sie ja noch besser!«

In München geht ein Bauer in die Oper. Im Anzug hat er zwei Flaschen Bier dabei. Fragt ihn der Mann am Einlass: »Opernglas gefällig?«
»Nein, ich trink gleich aus der Flasche.«

Sonntags im Zoo: Vor dem Affenkäfig schneiden die Besucher allerlei Grimassen, um die Aufmerksamkeit der Affen zu bekommen. Da sagt der eine Affe zum anderen: »Ist doch gut, dass die hinter Gittern sind!«

»Heute Nacht gibt es etwas ganz Besonderes zu sehen, Kinder. Eine Mondfinsternis! Das solltet ihr euch nicht entgehen lassen!«
Darauf Cindy: »Und auf welchem Programm läuft die?«

»Bisher«, sagt der Reporter zum berühmten Model, »haben Sie immer Schauspieler geheiratet. Und nun ist es ein Rennfahrer. Sind Sie glücklich?«
»Oh ja!«, sagt die Dame strahlend. »Sehr sogar! Ab jetzt heirate ich nur noch Rennfahrer!«

Ein Junge fährt abends im Dunkeln mit dem Fahrrad die Straße entlang. Gerade noch rechtzeitig sieht er im Lichtkegel seiner Lampe einen kleinen Frosch und bremst scharf.
Da hüpft der Frosch auf den Lenker, leuchtet den Jungen mit einer kleinen Taschenlampe an und sagt: »Danke, dass du mir das Leben gerettet hast! Dafür hast du einen Wunsch frei. Ich bin nämlich ein verzauberter Prinz.«
Der Junge strahlt. »Dann hätte ich gerne eine Rolltreppe von hier bis zum Mond!«
Der Frosch schüttelt den Kopf. »Tut mir leid, mein Junge, aber das ist selbst für mich zu schwer. Hast du noch einen anderen Wunsch?«
Der Junge grübelt und sagt: »Dann wünsche ich mir was ganz Einfaches, und zwar, dass ich ein bisschen ordentlicher werde, nur so, dass man in meinem Zimmer wenigstens laufen kann.«
Der Frosch hört zu, schaut den Jungen ganz unglücklich an und fragt schließlich: »Soll die Rolltreppe auch die Richtung wechseln können?«

Benno und Balthasar streiten sich, ob die Sonne im Westen oder im Osten aufgeht. Schließlich sprechen sie einfach einen Passanten an: »Entschuldigung, können Sie uns bitte sagen, ob die Sonne im Osten oder im Westen aufgeht?«
»Tut mir leid«, sagt der Angesprochene, »ich bin auch nicht von hier.«

Bei Herrn Hasmuth wurde eingebrochen. Der Dieb ist übers Dach eingestiegen und hat das wertvolle Teeservice aus dem 18. Jahrhundert mitgenommen. Aufgeregt ruft Herr Hasmuth bei der Polizei an: »Herr Kommissar, ich habe einen Dachschaden und nicht mehr alle Tassen im Schrank!«

Ein Wachhund zum anderen: »Hörst du nichts?«
»Doch.«
»Und warum bellst du dann nicht?«
»Na, dann höre ich doch nichts mehr!«

Herr Wild kommt zerknirscht nach Hause. »Stell dir vor«, sagt er zu seiner Frau, »ich bin in eine Radarfalle gefahren.«
»Oh, Mist, hat´s geblitzt?«
»Nein, geschappert!«

Der Zoodirektor ist wütend auf den Tierpfleger: »Sie Depp, Sie haben letzte Nacht den Tigerkäfig offen gelassen!«
»Na und, wer klaut schon einen Tiger?«

Helmi fährt abends auf der falschen Straßenseite ohne Licht mit dem Fahrrad.
Ein Polizist hält ihn an und fragt: »Wie heißt du?«
»Helmi Huber!«
»Und dein Alter?«
»Na, auch Huber!«

Ein Schotte besucht einen Freund, der dabei ist, die Tapeten von den Wänden zu lösen. »Was hast du vor, Bob, willst du renovieren?«
»Nein, nein, wir ziehen um.«

In einem Blumenladen fragt die Kundin: »Ist diese Pflanze künstlich?«
»Natürlich«, antwortet die Verkäuferin.
»Natürlich?«
»Nein, künstlich.«
»Ja, was denn nun: künstlich oder natürlich?«
»Natürlich künstlich.«

Der Staubsaugervertreter will seinen Staubsauger auf einem abgelegenen Bauernhof vorführen, schüttet einen großen Beutel Dreck in die Stube und verkündet: »Ich werde jeden Krümel Dreck aufessen, den dieser Staubsauger nicht wegsaugt.«
Die Bäuerin grinst und meint: »Na dann guten Appetit, wir haben hier nämlich keinen Strom!«

Zwei Verbrecher lassen sich an einem langen Seil an der Gefängnismauer herunter. Unten angelangt meint der eine: »Jetzt aber schnell wieder rauf. Die Generalprobe hat ja schon prima geklappt.«

An der Tür des Fundbüros hängt ein Zettel: Das Fundbüro bleibt geschlossen, bis der Hausmeister den Schlüssel wiedergefunden hat.

Ein Herrchen geht mit seinem Hund ins Kino. Der Hund amüsiert sich köstlich über den Film und kommt aus dem Lachen nicht mehr heraus. Da bemerkt die Dame auf dem Nebensitz: »Ihr Hund benimmt sich aber seltsam …«
»Ich bin auch erstaunt«, erwidert der Herr, »das Buch hat ihm nämlich gar nicht gefallen.«

»Warum kommst du so spät aus dem Büro?«
»Ach, ein blöder Scherz der Kollegen: Keiner hat mich geweckt.«

Anton kommt von der Schule nach Hause.
»Gibt's was Neues?«, fragt Papa.
»Ich habe eine 6 und eine 5 gekriegt.«
»Ich hab gefragt, ob es was Neues gibt!«

Frau Scheck zu Frau Schneck: »Ist Ihre Tochter auch schon so zukunftsorientiert?«
»Ja, ja, sie verschiebt alles auf morgen!«

Die Mutter schimpft: »Du bringst ja ein mieses Zeugnis nach Hause! Und dein Betragen wird als besonders übel beschrieben. Na warte, was der Papa dazu sagen wird, wenn er nächste Woche aus dem Gefängnis kommt!«

»Wenn alle reden, kann ich mein eigenes Wort nicht mehr verstehen«, sagt der Lehrer genervt.
»Da versäumen Sie nicht viel!«

Fritzchen: »Papa, Kevin hat für seinen Aufsatz eine Fünf bekommen.«
Darauf der Vater: »Dafür kann der Junge nichts. Dummheit ist eben erblich. Die hat er von seinem Vater. Der ist der größte Vollidiot, den ich kenne.«
Fritzchen: »Papa, ich hab eine Sechs!«

Die Hausaufgabe lautet: Ein Wanderer geht in einer Stunde 5 Kilometer. Wie lange braucht er für 13 Kilometer?
»Leon«, fragt der Lehrer, »warum hast du denn die Aufgabe nicht gelöst?«
»Mein Vater ist noch unterwegs.«

Zwei Polizisten finden eine Leiche vor dem Gymnasium.
»Weißt du, wie man Gymnasium schreibt?«, fragt der eine.
»Nee, keine Ahnung. Ach, komm, schleifen wir ihn schnell zur Post.«

Ein Mann sitzt in der Kneipe und spielt mit seinem Hund Karten. Ein anderer Gast fragt verblüfft: »Wahnsinn, Ihr Hund ist ja hochintelligent!?«
Darauf der Besitzer: »Hochintelligent? Der ist strohdumm: Immer wenn er gute Karten hat, wedelt er wie verrückt mit dem Schwanz.«

»Herr Frey, was heißt denn das, was Sie mir unter meinen Aufsatz geschrieben haben?«
»Das heißt: deutlicher schreiben!«

Der Bürgermeister eröffnet eine Lehrerkonferenz mit den Worten: »Ich habe diesen Saal schon voller gesehen. Ich habe ihn auch schon leerer gesehen. Aber ich habe ihn noch nie so voller Lehrer gesehen!«

Lehrer: »Wenn ich dieses Geldstück in die Säure werfe, wird es sich dann auflösen?«
Vinzent: »Nein.«
»Und warum nicht?«
»Sonst würden Sie es ja wohl kaum reinwerfen.«

Schimpft der Lehrer: »Finn, du kommst diese Woche schon zum dritten Mal zu spät zum Unterricht! Weißt du, was das bedeutet?«
»Ja, dass heute Mittwoch sein muss.«

Der Vater nimmt sich seinen Sohn vor: »Gestern musste ich von deinem Lehrer hören, dass du der Schwächste in der Klasse bist.«
Darauf der Sohn: »Du musst nicht alles glauben, was die erzählen. Immerhin bin ich der Einzige, der den Dennis richtig vermöbeln kann.«

»Amelie, wie kannst du beweisen, dass die Erde rund ist?«
»Aber das habe ich doch nie behauptet!

Zwei Gummienten schwimmen auf dem Meer. Plötzlich sagt die eine zur anderen:
»Vorsicht, da vorne kommt ein Haifischschschschsch…sch…«

Maus und Elefant schleichen die Kellertreppe runter.
Sagt die Maus:
»Pass auf, hier stehen Mausefallen!«

Ein Mann will die Katze seiner Frau heimlich loswerden und beschließt, sie auszusetzen. Er nimmt sie mit ins Auto, fährt 20 Häuser weit, setzt die Katze aus und fährt nach Hause. 10 Minuten später ist die Katze auch wieder da. »Na gut«, denkt sich der Mann, »war vielleicht ein wenig zu kurz die Strecke.« Setzt sich wieder mit der Katze ins Auto, fährt 5 Kilometer weit und setzt sie aus. 20 Minuten später ist die Katze wieder zu Hause. »Jetzt reichts!«, denkt sich der Mann, nimmt die Katze mit ins Auto und fährt 20 Kilometer, dann durch den Wald, über eine Brücke, rechts, links und setzt die Katze dann schließlich mitten im Wald auf einer Lichtung aus. Eine halbe Stunde später ruft der Mann zu Hause an. »Ist die Katze da?«, fragt er seine Frau.
»Ja, warum?«
»Hol sie mal ans Telefon, ich habe mich verfahren.«

Klaus und Klara schauen entgeistert einer Spinne beim Weben ihres Netzes zu. »Was macht die denn da?«, fragt Klara.
Sagt Klaus: »Also, wenn du mich fragst, die spinnt!«

»Das ist ja allerhand«, meint der Geigenlehrer, »eine Maschinenpistole im Geigenkasten!«
»Oh nein!«, ruft der Schüler entsetzt. »Jetzt steht Papa mit der Geige in der Sparkasse!«

»Schon wieder zu spät – hast du keinen Wecker?«
»Doch, aber wenn der klingelt, schlafe ich noch!«

Frau Trauthold schimpft ihren Mann: »Jeder Urlaubstag hier kostet uns 200 Euro und du liest ein Buch!«

»Machen Sie dieses Jahr wieder Urlaub in den Bergen?«
»Ja, ja, wie letztes Mal.«
»Und nehmen Sie Ihren Schlafsack auch wieder mit?«
»Ja, mein Mann kommt auch mit.«

Abends im Garten. Die Mutter betrachtet den Sonnenuntergang und sagt zu den Kindern: »Schaut nur, wie leuchtend rot die Sonne untergeht! Wisst ihr, warum das so ist?«
Darauf Lea: »Klar, die ärgert sich, dass sie so früh ins Bett muss!«

Familie Hirschler macht Brotzeit in den Bergen, mitten zwischen Kühen. Eine Kuh kommt neugierig näher heran, da sagt die Mutter: »Schnell, versteckt den Kalbsbraten, es ist vielleicht ihr Sohn.«

Rezept 1: Der Hai im Senfglas

1. Suche dir aus jedem der beiden Gläser etwas aus und bilde die verrücktesten Kombinationen. Diese Kombination wird die Antwort auf deine Scherzfrage. Vielleicht hast du auch eigene Ideen.

Ein Hai im Senfglas, ein Grashüpfer auf Skiern …

Bratwurst	Vampir	in der Sauna
Lehrer	Mücke	im Tiefkühlfach
Alien	Trompete	im Handgepäck
Rasenmäher	Gerippe	im Kastanienbaum
Cowboy	Seepferdchen	im Nebel
Nonne	WC-Ente	im Brautkleid
Glühwürmchen	Elch	bei der Morgengymnastik
Goldfisch	Elefant	auf der Wäscheleine
		mit Sonnenbrand
		mit Höhenangst
		mit Gänsehaut
		mit Durchfall

2. Überleg dir, welche Eigenschaften dein Begriff aus dem ersten Glas hat: wie sieht er aus, wo hält er sich auf, was tut er? (z. B. Hai: grau, gefährlich, frisst Leute, hat Rückenflosse und viele Zähne, wohnt im Meer)
Dann überleg dir, wie man sich in der Situation, die du aus dem zweiten Glas gewählt hast, fühlt, wie man aussieht, riecht, klingt … (z. B: im Senfglas wäre jeder gelb, glitschig, gequetscht)

3. Deine Scherzfrage erhältst du, wenn du eine Frage stellst, die mindestens eine Eigenschaft der gewählten Begriffe aus beiden Gläsern enthält.

mit Zipfelmütze
der/die eine Kuh
verschluckt hat

Was ist gelb und sehr gefährlich? – Ein Hai im Senfglas

Was ist klein, grün und rast den Berg hinunter? – Ein Grashüpfer auf Skiern

Was glänzt, ist sauer und gibt pupsende Geräusche von sich? – Eine Trompete im Gurkenglas

Rezept 2: Kotelett vom komischen Köter

1. Jemand wird von anderen Leuten interessiert angesprochen, weil sein Tier so ungewöhnliche Sachen macht, die sonst nur Menschen können.
Z. B. lacht der Hund im Kino über den Film, spielt Karten, malt, bastelt oder musiziert.

Suche selbst weiter! Es eignen sich alle Tiere und alle Tätigkeiten, die den Menschen vom Tier unterscheiden.

Die Bemerkung der Fremden könnte ungefähr so lauten:
- »Ihr Hund kann Mandoline spielen? Unglaublich, ich wusste gar nicht, dass es so musikalische Tiere gibt!?«
- »Ihr Papagei fährt ja richtig gut Auto.«
- »Ist das normal, dass Ihr Hund Messer und Gabel benutzt?«

2. Der Tierbesitzer geht gar nicht darauf ein, dass das Verhalten des Tieres möglicherweise ungewöhnlich sein könnte. Stattdessen schimpft er, dass das Tier seine Sache nicht ganz perfekt macht. Oder er ist verwundert, weil das Tier sich sonst anders, oft sogar noch intelligenter, verhält.

Und das könnten die Besitzer antworten:
- »Der? Musikalisch? Der blamiert mich nur: Den fis-moll-Akkord verpatzt er jedes Mal!«
- »Der und gut Auto fahren? An jeder Kreuzung würgt er das Ding ab!«
- »Nein, ich verstehe das auch nicht, sonst isst er eigentlich immer mit Stäbchen.«

Rezept 3:
Eingelegte Fliegen auf frittiertem Haarnest

1. Ein Gast bekommt im Restaurant etwas richtig Ekeliges serviert. Kombiniere dir von den beiden Tellern oder aus deinen eigenen Ideen einen saftigen Beschwerdegrund zusammen!

»Herr Ober, in meinem Salat ist eine fette Spinne!«
»Da schwimmt ein benutztes Taschentuch in meinem Kakao!«

Was findet der Gast Ekliges?

Nasenpopel
Schimmel
Haar
Spinne
Fliege
altes Pflaster
Gebiss
Glasauge
Kakerlake
Hundescheiße

Wo entdeckt der Gast etwas Ekliges?

auf der Pizza
auf dem Löffel
im Hamburger
im Kakao
in der Suppe
im Brotkorb
unter dem Schnitzel
auf dem Tischtuch
im Eisbecher
in der Tomatensoße
im Salat

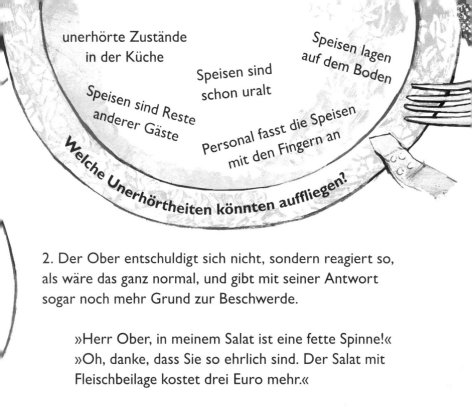

unerhörte Zustände in der Küche

Speisen lagen auf dem Boden

Speisen sind schon uralt

Speisen sind Reste anderer Gäste

Personal fasst die Speisen mit den Fingern an

Welche Unerhörtheiten könnten auffliegen?

2. Der Ober entschuldigt sich nicht, sondern reagiert so, als wäre das ganz normal, und gibt mit seiner Antwort sogar noch mehr Grund zur Beschwerde.

»Herr Ober, in meinem Salat ist eine fette Spinne!«
»Oh, danke, dass Sie so ehrlich sind. Der Salat mit Fleischbeilage kostet drei Euro mehr.«

»Herr Ober, da schwimmt ein benutztes Taschentuch in meinem Kakao!«
»Mensch, sagen Sie es doch gleich, der Koch muss sich schon die ganze Zeit ins Geschirrtuch schnäuzen!«

»He, Frau Kellnerin, Sie hängen gerade Ihre Haare in meine Suppe!«
»Ach, vielen Dank, aber das macht gar nichts, die gehören sowieso schon lange mal wieder gewaschen.«

Rezept 4: Ohrfeigen an Halunken-Unken-Ragout

1. Sammle lauter Hauptwörter, in denen noch ein anderes, kürzeres Wort steckt. Oft funktioniert es erst in der Mehrzahl.

2. Überlege dir typische Eigenschaften der beiden Begriffe, durch die sich das lange Wort und das kurze Wort eindeutig unterscheiden. Versuche den Unterschied als Gegensatz zu formulieren:

Feigen schmecken süß, Ohrfeigen eher sauer.
Automaten kann man im Gegensatz zu Tomaten nicht essen.
Unken sitzen im Tümpel, Halunken im Knast.
Den Rücken tragen wir hinten am Körper,
die Perücken bevorzugt oben.

3. Formuliere aus diesem Gegensatz eine Frage, die nach dem langen Wort sucht:

Welche Tomaten kann man nicht essen? – Die Automaten

Welche Rücken trägt man auf dem Kopf? – Die Perücken

Welche Feige schmeckt nicht süß? – Die Ohrfeige

Welche Unken sitzen nicht im Tümpel? – Die Halunken

Rezept 5: Beknackte Würstchen

1. Jemand ruft beim Psychiater an und erzählt aufgeregt, dass ein Familienmitglied scheinbar verrückt ist und sich für etwas ganz Merkwürdiges hält. »Herr Doktor, Herr Doktor, mein Mann spinnt, er glaubt, eine Eintagsfliege zu sein.« – »Frau Doktor, mein Bruder hält sich für einen Dinosaurier.«

Wofür kann sich die Person halten?
Geeignet sind alle Gegenstände, Tiere, Märchen- und Fantasiewesen oder berühmte Persönlichkeiten.

2. Der Doktor stimmt zu, dass das ein ernster Fall zu sein scheint, und empfiehlt, der Patient solle schnell in seine Sprechstunde kommen.

3. Der Anrufer hat jetzt aber Einwände und Fragen, die darauf schließen lassen, dass und angebliche Einbildung des Patienten doch der Wahrheit entspricht.

Vampir Biene Kaiser von China Hexe

Rezept 6: Quatschfisch mit Soße

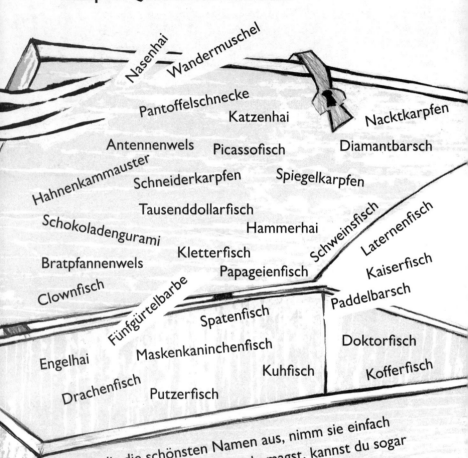

Suche dir die schönsten Namen aus, nimm sie einfach wörtlich und male sie! Wenn du magst, kannst du sogar richtige Bildwitze mit Sprechblasen daraus machen. Was gibt es beim Bratpfannenwels zu essen? Was haben die Fische an, wenn sie vom Schneiderkarpfen kommen? Was sagt der Doktorfisch zum Nasenhai? Und was passiert, wenn der Nacktkarpfen den Spiegelkarpfen trifft?

All die Fische und Meerestiere, die du in der Schatztruhe findest, gibt es tatsächlich! Im Lexikon findest du noch mehr lustige Tiernamen, auch für Vögel und Vierbeiner.

»Wir sollten unbedingt mal mit unserem Sohn zum Arzt«, meint Frau Fakir, »durch sein ewiges Bettnässen werden uns die Nägel ganz rostig.«

Das Ehepaar erkundigt sich ängstlich im Dschungelcamp: »Und kriechen einem nachts hier keine Spinnen oder irgendwelches sonstiges Ungeziefer übers Bett?«
»Keine Sorge, die haben bei den vielen Giftschlangen hier keine Chance!«

Ein Forscher ist im Dschungel von Kannibalen entführt und an einen Baum gefesselt worden. Endlich spricht ihn einer an und fragt ihn nach seinem Namen. »Doktor Horn«, antwortet er und hat plötzlich wieder Hoffnung. »Wenn Sie meine Sprache sprechen, junger Mann, dann können Sie doch gewiss etwas für mich tun?«
»Ja«, lächelt der Kannibale. »Ich werde Ihren Namen auf die Speisekarte setzen.«

Herr und Frau Weitblick machen Urlaub auf dem Land. Morgens öffnet sie das Fenster, atmet tief ein und sagt: »Ist das herrlich, diese saubere, klare Luft, gar keine Abgase!«
»Ja«, antwortet Herr Weitblick, »ich verstehe nicht, warum sie die Städte nicht hier draußen bauen.«

Zwei Kannibalen reisen nach Deutschland und freuen sich: »Ach, hier scheint es doch Kollegen zu geben – in der Bäckerei bieten sie Amerikaner an, beim Metzger gibt es Frankfurter und Wiener zu kaufen und im Schnellrestaurant isst man Hamburger.«

Frau und Herr Gullewitz fahren durch einen afrikanischen Wildpark und sehen ein Antilopenjunges. »Wie niedlich!«, ruft Frau Gullewitz verzückt und steigt aus. Da springt plötzlich ein Löwe hinter dem Busch hervor und packt sie am Kragen. »Schieß!«, schreit sie. »Um Himmels willen, schieß!« »Geht nicht«, schreit der Mann aufgeregt zurück, »die Speicherkarte ist voll!«

Den Reisenden einer Wüstensafari fährt ein ziemlicher Schrecken in die Knochen. Ein Rudel Löwen kommt ganz schnell und ganz nahe heran.
»Sind die gefährlich?«, fragen die Touristen.
»Nö, die nicht«, beruhigt sie der Reiseleiter,
»die sind satt.«
»Und woher wissen
Sie das?«
»Weil unser Herr
Lederer
fehlt.«

Ein Deutscher fragt einen Türken:
»Geht's hier nach Aldi?«
Der Türke verbessert ihn: »Zu Aldi.«
»Was, Aldi schon zu?«

Ein Beduine sieht zum ersten Mal einen Hubschrauber und ruft hocherfreut: »Endlich montieren sie Ventilatoren über der Wüste!«

»Aus Ihren Handlinien lese ich Furchtbares!«, sagt die Wahrsagerin. »Man wird Sie mit einem Kopfschuss töten, braten und aufessen!«
»Moment«, sagt die Kundin. »Lassen Sie mich doch erst meine schweinsledernen Handschuhe ausziehen!«

Treffen sich zwei Mäusefreundinnen. Sagt die eine:
»Ich bin ja sooo verliebt!«
Fragt die andere: »Hast du ein Foto von ihm?« Holt die erste ein Bild heraus. Die andere schreit entsetzt auf:
»Aber das ist ja eine Fledermaus!«
»Oh Gott, und mir hat er gesagt, er wäre Pilot!«

Herr Spinne will einkaufen gehen. Sagt Frau Spinne: »Nimm das Netz mit – Plastiktüten sind umweltschädlich.«

»Hat Ihnen die Berührung mit dem Hufeisen Glück gebracht?«, fragt Frau Schwätzle ihre Nachbarin.
»Leider nein, das Pferd war noch dran.«

Der Mann zum Einbrecher: »Gott sei Dank, dass Sie endlich da sind. Meine Frau weckt mich schon seit Jahren jede Nacht, weil sie glaubt, Sie seien gekommen.«

Zwei Polizisten unterhalten sich: »Gestern hab ich den Ganoven-Karl stundenlang verhört.«
»Und? Hat er gestanden?«
»Ja, was denkst du denn? Diesem Blödmann biete ich doch keinen Stuhl an!«

»Wegen der Einbrecher lassen wir jetzt nachts immer das Licht brennen.«
»Wieso denn, die haben doch Taschenlampen!«

Zwei Einbrecher durchstöbern eine Wohnung, als sie plötzlich eine Polizeisirene hören. »Schnell!«, ruft der eine. »Spring aus dem Fenster!«
»Aber wir sind doch hier im 13. Stock!«, schreit der andere.
»Also echt«, meint der erste, »jetzt ist wirklich nicht die Zeit für Aberglauben!«

»Mami, stimmt das eigentlich, dass schwarze Katzen, die einem über den Weg laufen, Unglück bringen?«
»Ja«, sagt Mutter Maus.

Gehen ein Werwolf und ein Junge nachts durch den Wald.
Sagt der Junge: »Ich fürchte mich so im Dunkeln!«
Sagt der Werwolf: »Na du hast gut reden – ich muss den ganzen Weg nachher schließlich alleine zurückgehen.«

Der Polizist zu
Herrn Hundsberger:
»Ich habe eine gute und
eine schlechte Nachricht
für Sie: Erstens: Graf Dracula
hat Ihre Frau geholt …«
»Oh! Und welches ist die schlechte
Nachricht?«

Die böse Hexe hat Hänsel und Gretel in den Kochtopf gesteckt und ein Feuer entfacht. Doch Hänsel beginnt lauthals zu lachen. Gretel fragt: »Was gibt es denn da zu lachen?«
Antwortet Hänsel: »Ich habe der bösen Hexe eben in die Suppe gepinkelt!«

Das Ehepaar Motz beschwert sich bitter an der Hotel-Rezeption: »In diesem Zimmer sind ja Kakerlaken!«
»Ja, glauben Sie, für Ihre dreißig Euro können wir Ihnen Kolibris reinsetzen?«

»Mama, darf ich später mal eine böse Hexe werden?«
»Ja, aber nur wenn du brav bist …«

Ein Freund fragt den Schriftsteller: »In deinem neuen Roman kommen aber ganz schön viele Tote vor!«
»Ja, weißt du, ich wollte ein wenig Leben in die Handlung bringen.«

»Das Pilzgericht schmeckt prima, Schatz! Wo hast du das Rezept her?«
»Aus einem Krimi.«

Stellt sich der Zauberer beim Zirkusdirektor vor: »Ich kann Menschen zersägen.«
»Gut! Sie kommen mir übrigens so bekannt vor, haben Sie Geschwister?«
»Ja, zwei Halbbrüder.«

Herr Schreck öffnet mit schlotternden Knien die Tür. Auf der Fußmatte steht ein winziger Sensenmann und sagt: »Ich komme doch nur, um den Wellensittich abzuholen!«

Kommt ein Skelett an einem mit Wasser gefüllten Putzeimer vorbei, beugt sich darüber und sagt mitleidsvoll: »Na, Kumpel, du warst sicher mal ein Schneemann!«

Fragt der Schlossherr seinen Folterknecht:
»Wie viele Gefangene haben wir denn im Verlies?«
»23 und ein paar zerquetschte.«

Unterhalten sich zwei Freundinnen. Fragt die eine: »Sag mal, bist du inzwischen bei der Frau gewesen, die angeblich so 'ne tolle Hellseherin sein soll?«
»Ja, aber das war eine Enttäuschung. Als ich bei ihr geklingelt habe und sie gefragt hat: ›Wer da?‹, bin ich gleich wieder gegangen.«

Eine Frau meldet sich beim Arbeitsamt. »Was haben Sie denn bisher gemacht?«, fragt der Arbeitsvermittler.
»Ich war Hellseherin«, sagt die Frau.
»Und warum haben Sie das aufgegeben?«
»Es hatte keine Zukunft.«

Fragt ein Gespenst das andere: »Und woran bist du gestorben?«
»An einer Grippe.«
»Na, wenigstens war es nichts Ernstes.«

Mitternacht im Schloss Schlotterstein:
Der Schlossherr dreht sich im Bett und brummt genervt: »Du schon wieder! Ach, kannst du nicht drüben bei meiner Schwiegermutter spuken?«
Darauf das Gespenst: »Oh nein, bitte nicht, danach hab ich immer solche Albträume!«

Wandelt der Gast eines schottischen Schlosses mitten in der Nacht durch die Gänge. Da begegnet ihm ein Gespenst, das mit den Ketten rasselt. Mit heulender Stimme sagt es: »Seit 400 Jahren bin ich dazu verdammt, in diesem Schloss zu spuken!«
Meint der Hotelgast: »Super, dann können Sie mir ja sicherlich sagen, wo die Toiletten sind!«

Ein Witwer nimmt an einer Geisterbeschwörung teil. Das Medium berichtet: »Ich habe nun Kontakt zu Ihrer Frau im Jenseits aufgenommen.«
Aufgeregt fragt der Mann: »Und, was sagt sie?«
»Nichts.«
»Ach, dann kann es nicht meine Frau sein!«

Ein Witwer sitzt nachts vor dem Kamin, als plötzlich ein Gespenst erscheint: »Ich soll im Auftrag deiner Frau bei dir spuken!«
»Ist in Ordnung«, sagt der Witwer, »solange meine Frau nicht selbst kommt …«

Der Reiseleiter erklärt: »Das ist die berühmte Schlucht, in die jedes Jahr mindestens zehn Wanderer hinabstürzen!«
»Das ist ja entsetzlich!«, entrüsten sich die Leute. »Warum macht man denn da kein Geländer hin?«
»Na ja, es ist halt so: Je mehr da runterfallen, desto berühmter wird die Schlucht!«

»Wenn das Gesetz der Schwerkraft nicht wäre«, erklärt der Physiklehrer, »würden wir alle in den freien Raum hinausfliegen!«
»Lustig«, begeistert sich Tabea, »und wie war das früher, als das Gesetz noch nicht erlassen war?«

Eines Nachts weckt Moni ihren Mann auf und berichtet verstört: »Ich habe eben ein Gespenst durchs Schlafzimmer wandeln sehen. Du, Liebling, wenn ich als Kind Gespenster gesehen habe, hat mich meine Mutter immer ganz fest in den Arm genommen.«
Knurrt der Mann müde: »Erwartest du jetzt etwa von mir, dass ich mitten in der Nacht aufstehe und deine Mutter hole?«

Steht ein Mann vor der Kirche und brüllt: »Jetzt kann ich wieder laufen!«
Der Pfarrer eilt freudig herbei und fragt: »Waren Sie krank und sind auf wundersame Weise geheilt worden?«
Der Mann schüttelt den Kopf: »Nein, irgendjemand hat mein Fahrrad geklaut.«

Die Lehrerin begrüßt den neuen Schüler in der Klasse: »Sag uns doch einmal, wo du herkommst!«
»Aus Indonesien.«
»Aha, interessant. Welcher Teil?«
»Mein ganzer Körper!«

Ein Mann fragt den lieben Gott: »Sag mal, ist es eigentlich wahr, dass eine Million Jahre für dich nur eine Sekunde sind?«
»Ja, das ist wahr, mein Sohn.«
»Gut. Und was sind dann eine Million Euro für dich?«
»Eine Million Euro sind für mich nur ein Cent.«
»Aha«, sagt der Mann, »könnte ich dann vielleicht einen Cent von dir haben?«
»Natürlich«, antwortet Gott, »warte eine Sekunde.«

Ein russischer Kosmonaut funkt an die Bodenstation: »Ein UFO fliegt neben mir her und fotografiert mich. Was soll ich machen?«
Umgehend kommt die Antwort: »Lächeln!«

»Glaubst du eigentlich an fliegende Untertassen?«
»Na klar!«
»Hast du denn schon mal welche gesehen?«
»Seit mein jähzorniger Bruder ausgezogen ist, nicht mehr.«

»Glaubst du an Horoskope?«, will das Mädchen von seinem neuen Freund wissen.
»Absolut nicht! Du musst wissen, wir Skorpione sind sehr misstrauisch!«

Sagt ein Floh zum anderen: »Glaubst du, dass es Leben auf anderen Hunden gibt?«

Lösungen:

S. 30/31
Was hängt an der Wand, ist grün und bellt? Ein Dackel im Rucksack des Försters // Was ist gelb und sitzt auf dem Steg? Ein Gespenst, das sich ins Laken gepieselt hat // Was ist grün, glücklich und hüpft von Grashalm zu Grashalm? Eine Freuschrecke // Was sind Strümpfe mit 18 Löchern? Golfsocken // Was ist schlimmer als eine Giraffe mit Halsweh? Ein Tausendfüßler mit Hühneraugen // Was speit Feuer und macht: „GIIII! GIIII!" Ein chinesischer Drache // Was ist die Leibspeise von Seeungeheuern? Eine Portion Fish & Ships // Was liegt am Strand und hat einen Sprachfehler? Eine Nuschel // Was ist grau, fiept leise und wiegt fünf Kilo? Eine Maus, die dringend Diät machen sollte // Was ist grün, haarig und fährt immer rauf und runter? Eine Stachelbeere im Sessellift // Was fliegt mit einem metallischen Klirren durch die Luft? Eine Schwalbe mit Schneeketten // Was ist weiß und geht den Berg hinauf? Eine Lawine mit Heimweh // Was ist weiß und steigt aus der Erde? Ein Maulwurf im Nachthemd // Was ist das tägliche Frühstück des Dalai Lama? Ein Buddhabrot

S. 32/33
Was sagt der Kannibale zum Missionar? Bleiben Sie doch zum Essen! // Was sagt der Fakir zu seiner Tochter? Jetzt bist du schon zehn Jahre alt und kaust immer noch nicht Nägel! // Was sagt der Polizist zur Konservendose? Aufmachen, Polizei! // Was sagt die Glühbirne zum Schalter? Mach mich doch nicht andauernd an! // Was sagt die große Kerze zur kleinen Kerze? Wenn du Lust hast, gehen wir zusammen aus. // Was sagt der Kannibale in der Partnervermittlung? Und Sie haben wirklich Frauen für jeden Geschmack? // Was sagt das Skelett zum Barmann? Bitte ein Bier und einen Lappen zum Aufwischen. // Was sagt die Henne zum Küken? Wenn das dein Vater wüsste, er würde sich im Grill umdrehen. // Was sagt der Zauberer zum toten Pferd? Abrakadaver // Was sagt der Vulkan zum benachbarten Berg? Stört es Sie, wenn ich rauche? // Was sagte Noah beim Angeln auf der Arche zu seinem Sohn? Denk daran, wir haben nur zwei Würmer! // Was sagt ein Zirkuslöwe, der einen Clown verspeist hat? Schmeckt irgendwie komisch!

S. 34/35
Warum gibt es im Wald keine Riesen mehr? Weil die Bäume sie unter den Achseln kitzeln. // Warum bekommen Skelette keinen Personalausweis? Weil auf ihrem Passfoto das linke Ohr nicht zu sehen ist. // Warum trinken Mäuse keinen Alkohol? Weil sie Angst vor dem Kater haben. // Warum gibt es in schottischen Schlössern Gespenster? Weil sie billiger als Alarmanlagen sind. // Warum brechen Horst und Ernst ausgerechnet in die Seifenfabrik ein? Weil es ihnen besonders dreckig geht. // Warum dürfen Pferde nicht Schneider werden? Weil sie das Futter fressen. // Warum operieren die Ärzte in Ostfriesland barfuß? Weil sie ihre Socken für die Narkose benutzen. // Warum sind Akkordeons die ältesten Musikinstrumente? Weil sie so viele Falten haben. // Warum sind Boxer die vornehmsten Sportler? Weil sie Handschuhe tragen. // Warum bauen die Kuckucks kein Nest? Weil sie in einer Uhr wohnen. // Warum schämen sich kleine Ferkel? Weil ihre Eltern Schweine sind. // Warum haben Fische keine Haare? Weil sie nichts gegen ihre Schuppen tun.

S. 36/37

Wie heißt der chinesische Post-Chef? Eil Sen Dung // Wie heißt der chinesische Verkehrsminister? Um Lei Tung // Wie heißt der schwerste Chinese? Be Tong // Wie heißt der berühmteste chinesische Kletterer? Hing An Hang // Was heißt Polizeihund auf Chinesisch? Lang Fing Fang Wau // Was heißt Ofenbauer auf Chinesisch? Hei Tsung // Was heißt Metzger auf Chinesisch? Peng! Sau Hi // Was heißt Metzger auf Türkisch? Mach Mett // Was heißt Windel auf Türkisch? Gülle Hülle // Wie heißt der türkische Chef von McDonalds? Izmir Übel // Was heißt Hundeschule auf Russisch? Waldiwostock // Was heißt Hundedame auf Italienisch? Labello // Was heißt Fotograf auf Arabisch? Allemallachen // Was heißt Sänger auf Arabisch? Machamallalla // Was heißt Architekt auf Arabisch? Machamalahallabad

S. 38/39 – Was ist der Unterschied

zwischen Flöhen und Elefanten? Die einen können die anderen haben, die anderen aber die einen nicht. // zwischen Weihnachtsbäumen und Babys? Die einen putzt man vor der Bescherung, die anderen nachher. // zwischen Bankräubern und Profi-Fußballern? Die einen sagen: „Geld her oder ich schieße!", die anderen: „Geld her oder ich schieße nicht!" // zwischen Pianisten und Maikäfern? Die einen haben nur einen Flügel, die anderen zwei. // zwischen indischen und afrikanischen Elefanten? Sie haben völlig verschiedene Postleitzahlen. // zwischen Motorradfahrern bei Regenwetter und Einbrechern? Die einen bleiben im Dreck stecken, die anderen haben Dreck am Stecken. // zwischen Bäckern und Teppichen? Die einen müssen um vier Uhr aufstehen, die anderen dürfen liegen bleiben. // zwischen Blitzen und Eseln? Die einen schlagen ein, die anderen aus. // zwischen Polizisten und Hundert-Euro-Scheinen? Es gibt keinen. Beide sind nicht da, wenn man sie gerade braucht. // zwischen Wasserkochern und Lehrern? Die einen kann man entkalken, die anderen nicht. // zwischen Knochen und Schulen? Die einen sind für den Hund, die anderen für die Katz.

S. 40/41

Wer nimmt auch während einer Hungersnot zu? Mond // Wie nennt man eine Kellnerin, die nie zu einem an den Tisch kommt? Fernbedienung // In welchem Getränk versteckt sich ein Tier? im Kaffee, der Affe // Vor welchem Tier haben alle Sportler Angst? Muskelkater // Was ist das Gegenteil von Reformhaus? Reh hinterm Haus // Was ist ein Matrose, der sich nicht wäscht? Meerschweinchen // Wer arbeitet, wenn es heiß ist und ruht, wenn es kalt ist? Bügeleisen // Wo ist man erst richtig drin, wenn man die Füße draußen hat? Hose // Welches ist das beliebteste Streichinstrument? Messer // Wie heißt das beste Abführmittel? Handschellen // Welche Laken taugen nicht als Bettwäsche? Kakerlaken // Was ist unsichtbar und riecht nach Karotten? Kaninchenfurz // Was hängt mit verbranntem Hintern an der Wand? Pfanne

S. 42/43

Was machen besonders faule Affen, wenn sie Lust auf Kokosnüsse haben? Sie bringen ihre Frau auf die Palme. // Was machen Schotten, wenn sie mit einer Kerze vor dem Spiegel sitzen? Sie feiern zweiten Advent. // Wie machen Chinesen Diät? Sie essen Suppe mit Stäbchen. // Was machen Ostfriesen auf einem Hochhausdach? Sie füttern

Hubschrauber. // Wie vertreiben sich Gespenster abends am Kamin die Zeit? Sie erzählen sich Menschengeschichten. // Was machen Wolken, wenn sie Juckreiz haben? Sie fliegen zum Wolkenkratzer. // Was machen Zirkusleute, wenn das Zelt brennt? Sie holen den Feuerschlucker. // Wie waschen sich Gespenster die Haare? Sie nehmen Scham-Buhhh. // Was machen die Fische im Rhein? Sie studieren Chemie. // Wie reagieren Gespenster auf eine Einladung zum Eis? Sie sind begeistert. // Was machen Fische, wenn sie krank sind? Sie gehen zum Heilbutt. // Was passiert, wenn sich zwei Glühbirnen streiten? Sie verlieren die Fassung. // Was machen Gespenster, wenn sie sich den Magen verdorben hat? Sie spuken. // Was machen Glaser, wenn sie kein Glas haben? Sie trinken aus der Flasche. // Was machen Sie am besten bei Kreislaufschwierigkeiten? Sie laufen einfach immer geradeaus.

S. 44/45

Köstliche Kraftbrühe – Bodybuilder // Buchstabensuppe – Deutschlehrerin // Hot Doc – Arzt // Schmalzbrot – Schlagersänger // Geräuchertes – Kaminkehrer // Grillfleisch mit Dörrpflaumen – Inhaberin des Sonnenstudios // Hackbraten surprise – Computer-Hacker // Rollbraten auf dem Brettchen – Skateboarder // Eisbein mit Wintergemüse – Schlittschuhläuferin // Reisfleisch exotisch – Weltenbummler // Jägerschnitzel mit grünem Gemüse – Förstermeister // Kaiserschmarrn – Regierungschef // Kalter Hund – Schwerverbrecher // Sahneschnittchen – Model

S. 68 bis 83 – Bilderrätsel

68/69 Tintenfisch, Schildkröte // 70/71 Geisterfahrer, Armleuchter // 72/73 Pistensau, Pistenraupe, Hüttenkäse // 74/75 Spitzenreiter, Bankräuber // 76/77 Hundehaufen, Pudelmütze // 78/79 Bildschirm, Regenwurm, Landstreicher // 80/81 Zeitungsente, Blumenstrauß // 82/83 Büstenhalter, Astgabel, Gabelstapler, Ballkleid, Zahnspange, Ohrring, Bergkette

S. 106 bis 125 – Wortsport

106: Spitzen // 107: Lappen // 108: Lampe // 109: Schnabel // 110: Keule // 111: Schild // 112: Mischling // 113: Knochen // 114: Schnitt // 115: Palette // 116: Rahmen // 117: spülen // 118: Röcke // 119: Golf // 120: glühen // 121: Perlen // 122: Rudeln // 123: Flöten // 124: Boot // 125: Leitung